Falarei do valor de educar
no duplo sentido da palavra "valor":
quero dizer que a educação é valiosa e válida,
mas também que é um ato de coragem,
um passo à frente da valentia humana.
Covardes ou receosos, abstenham-se.
Fernando Savater

Luciana Maria Caetano

DINÂMICAS PARA REUNIÃO DE PAIS

Construindo a parceria na relação escola e família

Dados Internacionais de Catalogação na Publicação (CIP)
(Câmara Brasileira do Livro, SP, Brasil)

Caetano, Luciana Maria
  Dinâmicas para reunião de pais : construindo a parceria na relação escola
e família / Luciana Maria Caetano. – São Paulo : Paulinas, 2009. – (Coleção
docentes em formação)

  Bibliografia.
  ISBN 978-85-356-2479-3

  1. Educação - Participação de pais   2. Educação de crianças   3. Escola e
família   4. Pais e professores   5. Reuniões   I. Título.   II. Série.

09-05502   CDD-371.103

Índice para catálogo sistemático:
1. Dinâmicas para reunião de pais : Educação   371.103

1ª edição – 2009
2ª reimpressão – 2014

DIREÇÃO-GERAL: *Flávia Reginatto*
EDITORA RESPONSÁVEL: *Luzia M. de Oliveira Sena*
ASSISTENTE DE EDIÇÃO: *Andréia Schweitzer*
COPIDESQUE: *Mônica Elaine G. S. da Costa*
COORDENAÇÃO DE REVISÃO: *Marina Mendonça*
REVISÃO: *Jaci Dantas e Simone Rezende*
DIREÇÃO DE ARTE: *Irma Cipriani*
GERENTE DE PRODUÇÃO: *Felício Calegaro Neto*
DIAGRAMAÇÃO: *Manuel Rebelato Miramontes*

*Nenhuma parte desta obra poderá ser reproduzida ou transmitida
por qualquer forma e/ou quaisquer meios (eletrônico ou mecânico,
incluindo fotocópia e gravação) ou arquivada em qualquer sistema ou
banco de dados sem permissão escrita da Editora. Direitos reservados.*

Paulinas
Rua Dona Inácia Uchoa, 62
04110-020 – São Paulo – SP (Brasil)
Tel.: (11) 2125-3500
http://www.paulinas.org.br – editora@paulinas.com.br
Telemarketing e SAC: 0800-7010081
© Pia Sociedade Filhas de São Paulo – São Paulo, 2009

*Para Guilherme, Leonardo,
César, Catarina e Júlia.*

Prefácio

Há alguns anos, em 1996 exatamente, tive a oportunidade de orientar uma dissertação de mestrado intitulada *A disciplina na escola: o que pensam alunos, pais e professores de uma escola de primeiro grau* – trabalho realizado por Antônia Maria Nakayama. E o que pensavam esses alunos, pais e professores? Em síntese, pensavam: a culpa é dos outros! Os pais responsabilizavam a escola pelos problemas de indisciplina; os professores responsabilizavam a família; e os alunos, a escola e a família. Então, o inferno são os outros, como já disse Jean Paul Sartre?

No meio educacional, às vezes bem parece ser o caso. Professores culpam o Governo pelos maus resultados pedagógicos; o Governo culpa os professores pelos mesmos maus resultados; os pais, que tendem a atribuir à escola cada vez mais responsabilidades, notadamente na área dos famosos "limites", queixam-se das escolas; e estas se queixam de famílias ausentes ou demasiadamente liberais. A relação entre professores e alunos tampouco parece calma. Numa pesquisa recente realizada por Davi Mamblona Marques Romão e Mariana Fontoura Terra Bento (ainda não publicada), na qual os pesquisadores fizeram as mesmas perguntas a alunos e professores, verificou-se certo "diálogo de surdos", pois, por exemplo, enquanto os jovens veem a escola como essencialmente dedicada à formação profissional, os docentes pensam

9

ser a formação ética um dos principais objetivos da educação; formação esta que os alunos não parecem enxergar na prática. Outro exemplo: enquanto a maioria dos alunos pensa que um professor admirável é aquele que dá boas aulas (de preferência "leves" e com um toque de entretenimento), os docentes elegem como professor admirável aquele que se dedica a um bom relacionamento com os alunos, que sabe dialogar, respeitar, ser amigo (e poucos remetem à qualidade das aulas propriamente ditas ou ao conhecimento).

Enfim, não está para "céu de brigadeiro" o porvir das relações entre os agentes responsáveis pela educação e o seu público-alvo: as crianças e os jovens. Logo, é preciso se deter com carinho sobre tais relações.

E é justamente isso que se faz neste livro, dedicado à análise da parceria entre família e escola e à apresentação de propostas de dinâmica de grupo que enriqueçam tal parceria e a tornem frutífera.

O tema é complexo e polêmico. Por exemplo, na área da educação moral, há tempos que se discute se tal educação cabe à família ou à escola. Há aqueles que, como o grande Filósofo Kant, tendem a desconfiar da família nesse quesito. Escreveu ele: "Em geral, a educação pública parece ser mais vantajosa do que a educação doméstica não somente no que concerne às habilidades, mas também no que se refere ao verdadeiro caráter de um cidadão. A educação doméstica, longe de corrigir os defeitos da família, os reproduz". Outro filósofo, Alain, para quem, uma vez que "o amor é sem paciência" e que os "sentimentos tiranizam", a escola é superior à família para a educação em geral, e para a educação moral em particular. Mas outros autores, como o sociólogo Durkheim, apresentam posições menos radicais. Escreveu ele: "Contrariamente à opinião, demasiadamente difundida, segundo a qual a educação moral caberia antes de tudo à família, estimo que a função da escola no desenvolvimento moral pode e deve ser da mais alta importância [...]. Pois se a família pode, sozinha, despertar e consolidar os sentimentos domésticos necessários à moral e mesmo, de forma mais geral, àqueles que estão na base das relações privadas mais simples, ela não é constituída de maneira a poder formar a criança para a vida em sociedade".

Pessoalmente, creio que os conhecimentos de psicologia de que hoje dispomos mostram bem que, em se tratando de educação moral ou não, tanto a família quanto a escola desempenham papéis fundamentais, tanto cognitivos como afetivos e sociais, sendo, portanto, imperativo que haja complementaridade, cooperação e mútua ajuda entre as duas instituições para que a parceria família/escola se torne uma realidade. Logo, é muito bem-vindo o livro de Luciana Maria Caetano, não somente porque trata do tema e o fertiliza com análises e propostas práticas, como também porque traz ao leitor uma bela revisão da literatura (clássica e recente) que versa sobre dimensões históricas, sociológicas, psicológicas e pedagógicas do tema. Agradeço a Luciana a honra de apresentar o seu livro e desejo ao leitor uma boa caminhada acadêmica em companhia da autora, que tem todas as credenciais para levá-los a bom porto.

Yves Joel Jean-Marie Rodolphe de La Taille
Professor titular do Instituto de Psicologia
da Universidade de São Paulo

PARTE I

Relação escola e família:
questões teóricas

1. A questão da crise no processo educativo

Nos dias de hoje, o processo educativo, quer no âmbito familiar quer no escolar, tem sido considerado pleno de dificuldades, tanto em relação às políticas aplicadas ao sistema educacional quanto àquelas expressas pelos péssimos resultados alcançados pelos alunos brasileiros nos sistemas de avaliações internacionais, ou ainda pela constatação frequente do senso comum de que as crianças de hoje "não têm mais educação". Há uma "consciência coletiva" de que os objetivos não vêm sendo atingidos, os caminhos talvez estejam distorcidos, e talvez haja desencontros entre desejos e realidades. Tais fatos, ampliados por notícias vinculadas na mídia, revelam uma tendência em acreditar que a educação, no sentido amplo do termo, tem deixado a desejar na escola e na família.

A questão da crise na educação é abordada por Arendt[1] (1964/2005), que, ao estudar os problemas da esfera política na modernidade, argumenta que esse período e suas transformações implantaram um mal-estar no mundo todo, e tal situação se manifesta em diversos aspectos da nossa realidade, especialmente na questão da educação. Como não poderia ser

---

[1] Hannah Arendt (1906-1975), filósofa e pensadora política, foi aluna de Heidegger, Husserl e Jaspers. Construiu uma obra considerável e reconhecida sobre prática e teoria política de nosso tempo, na qual a filosofia está sempre subjacente. Neste trabalho, o tema abordado é a educação, ao se apresentarem os argumentos da autora que fundamentam a questão da sua atual crise, tão disseminada pelas abordagens de senso comum.

diferente, tal crise se revela também na dificuldade dos pais em assumirem a responsabilidade por educar seus filhos. Os argumentos e reflexões da autora são utilizados neste texto para fundamentar cultural, histórica e filosoficamente a questão da crise da educação, a fim de que se possa abandonar a ideia de crise enquanto algo típico das reclamações e queixumes da atualidade, e compreendê-la a partir de uma contextualização.

A partir das concepções de Arendt (1958/2007), inclusive sobre a palavra crise, que é interpretada por ela como processo de transformação e não como algo pejorativo, vai-se tecendo uma argumentação sobre as características da modernidade, sendo a decrescente diferenciação das esferas pública e privada uma das questões principais. Para essa autora, o que se presencia nos tempos atuais é uma rejeição à distinção entre o que é do âmbito público e o que é do privado, pois uma esfera social transforma em público o que é privado, e o resultado é que "a administração doméstica e todas as questões antes pertinentes à esfera privada da família, inclusive a educação das crianças, transformam-se em interesse coletivo" (ARENDT, 1958/2007: 42).

Um dos pontos mais abordados em relação a essa coletivização do ambiente familiar diz respeito à grande intervenção estatal na família, sendo que o Estado regula atualmente a esfera privada por meio de numerosos procedimentos: nível jurídico, econômico, institucional (aqui se observa a intensificação da participação da escola na vida familiar e vice-versa) (SINGLY, 2007: 63). Da mesma forma, o mundo público invadiu a esfera da vida privada: "Questionando as funções parentais e produzindo intervenções de natureza terapêutica por meio dos educadores, médicos e psicólogos" (MAGALHÃES, 2008: 15). Segundo Arendt, pode-se dizer que as antigas funções familiares foram terceirizadas e passaram para as mãos de especialistas.

Talvez essa situação explique um pouco as transformações que se apresentam no cenário da relação entre escola e família, e esse argumento da coletivização da instituição familiar parece ser o mais importante para a apresentação das reflexões de Arendt (1964/2005), sobre tal relação. A autora afirma que os pais assumem na educação dos filhos dois tipos de responsabilidade ao mesmo tempo: pela vida e pelo desenvolvimento da criança e pela continuidade do mundo. Para ela, a criança é um novo habitante do mundo e não conhece nada a seu respeito; portanto, necessita ser introduzida nele aos poucos. Conforme as próprias palavras dessa autora:

> Os pais humanos, contudo, não apenas trouxeram seus filhos à vida mediante a concepção e o nascimento, mas simultaneamente os introduziram em um mundo. [...] A criança requer cuidado e proteção especiais para que nada de destrutivo lhe aconteça de parte do mundo. Porém, também o mundo necessita de proteção, para que não seja derrubado e destruído pelo assédio do novo que irrompe sobre ele a cada nova geração (ARENDT, 1964/2005: 235).

E continua, ao afirmar que tais responsabilidades dos pais são conflituosas e não coincidentes, e, assim, é grande a dificuldade deles para cumpri-las, pois assumir a vida da criança implica cuidar dela enquanto é dependente, ou seja, não abandoná-la no mundo, mas protegê-la, pois não está preparada para a convivência no espaço público. Ela necessita do recôndito do espaço privado, isto é, da proteção da família, por um tempo suficiente para que se desenvolva plenamente e ingresse como adulta na sociedade. E esse tempo não é rápido, pois abrange os anos de sua infância e adolescência.

Mas para Arendt (1964/2005) há um outro aspecto relevante quanto à responsabilidade dos pais pela educação dos filhos: a continuidade do mundo. A maioria dos pais desconhece tal obrigação. Para eles, a função de preparar as crianças para a condição adulta é parte de um processo de proteção. E então se assustam quando são chamados a refletir sobre essa realidade: cuidar de uma criança é cuidar do mundo.

As gerações atuais, segundo La Taille (2009: 86), vivenciam um processo inverso ao da responsabilidade, e são chamados de eternos adolescentes ao abdicarem do seu papel de adultos diante da nova geração que trouxeram ao mundo: "Nos desresponsabilizamos do mundo e deixamos, sem sentir culpa, o barco correr e fazer água". Os pais devem cumprir essa dupla função de formar o ser humano quando ainda é criança, ou seja, moldar um ser humano novo, o que implica responsabilizar-se por ele.

Arendt afirma que: "Porém, também o mundo necessita de proteção, para que não seja derrubado e destruído pelo assédio do novo que irrompe sobre ele a cada nova geração" (1964/2005: 235). Esta afirmação é extremamente interessante para a questão da relação entre escola e família. Como já descrito, o reflexo da herança dessa educação para o mundo é subjugado ou, no máximo, tal discussão é efetivada por meio de jargões que parecem ter perdido o sentido na sociedade moderna, como, por exemplo, afirmar que as crianças e jovens de hoje são o futuro da nação e do planeta. Todavia, esse é o grande objetivo do processo educativo: formar os mais jovens e prepará-los para assumirem o mundo como os novos adultos.

Fica destacado então o importante papel dos pais para com seus filhos. Esse trabalho é árduo, porque implica uma responsabilidade dupla, como já afirmado. Conforme as palavras irônicas de Sayão (2003: 115): "Creio que só é possível saber o tamanho da encrenca depois de ter os filhos". A autora ainda afirma que nessa empreitada não é possível passar a vez, nem se divorciar dos filhos. É preciso assumir o papel de pais.

Pode-se dizer que esse problema é o primeiro dentre os vários conflitos que permeiam a relação entre escola e família. Como assim? Para os professores,[2] é nítido nos dias atuais que os pais têm deixado de cumprir sua responsabilidade como educadores. Para tais profissionais da educação, eles vêm negligenciando o seu papel e buscam na escola muito mais do que ela pode oferecer. A função da escola é distinta da dos pais, e, realmente, isso é uma realidade.

Segundo Carvalho (2008: 30), "escola e família são instituições educativas, com finalidades distintas, contextos específicos e limites definidos". Portanto, a relação entre família e escola começa a se distinguir exatamente diante dessa determinação do que pertence ao âmbito do público e o que pertence ao âmbito do privado, no processo educativo das crianças. E pensar sobre isso pode conduzir a uma primeira definição do papel da escola e do papel da família na educação dos pequenos. Conforme as palavras de Sayão:

> Em casa, os pais educam seus filhos para que eles aprendam a viver, convivendo no espaço privado que é a família, e isso supõe amores, ódios, expectativas e conflitos. Na escola, os professores educam os alunos a exercitar a cidadania no espaço coletivo (2003: 218).

Para Carvalho (2008), as escolas contam com profissionais remunerados, estão ligadas a uma rede de ensino que se organiza para a reprodução cultural e social dos conhecimentos,

---

[2] A autora deste livro realiza trabalhos de formação de professores nos estados de São Paulo e Minas Gerais e, conforme os relatos colhidos nesses encontros, é constante o descontentamento dos professores em relação à educação que as crianças demonstram receber de seus pais em casa, e também em relação à participação da família na vida escolar das crianças.

através de políticas educacionais e currículos oficiais; enquanto a família, por sua vez, é encarregada da reprodução sexual e biológica e se constitui de pequenas unidades isoladas que dependem de outras instituições para sua sobrevivência, dentre elas, a escola, pois:

> Sendo a educação compulsória, a família depende da escola para a instrução e até para a guarda de seus filhos e filhas – mesmo a família de alto status econômico, usuária da escola privada, escolhe, consome e avalia o serviço escolar. Afinal, na atual organização social, onde ficam as crianças quando o pai e mãe estão trabalhando fora de casa? (CARVALHO, 2008: 31).

Pensando dessa forma, o conflito entre escola e família, que se inicia com a acusação da primeira de que a família não tem cumprido o seu papel de educar os filhos, se amplia na ideia de que ela também não participa, obviamente, da vida escolar das crianças. Interessante questão, abordada por Rios (2008: 7), é a de que, até algumas décadas atrás, não havia por parte da escola ou até mesmo da família uma preocupação com um efetivo diálogo e interação entre essas duas instituições. Tal cuidado é bastante atual e tem estreita ligação com as transformações da sociedade, que se refletiram, é claro, em modificações na escola e na família. Essas questões serão abordadas no segundo capítulo.

Assim, se podemos dizer que os pais não têm cumprido adequadamente o seu papel, pois "muitos adultos de hoje, sobretudo os de classe média, em certos aspectos protegem demais seus filhos do embate com o mundo e, em outros, os jogam precocemente na batalha da vida" (LA TAILLE, 2009: 147), também precisamos buscar a compreensão do porquê de a escola apontar a família como culpada do fracasso de seus estudantes, mostrando-se tão dependente desse apoio para cumprir sua função. "Ora, não é a família que depende da escola para o aprendizado do currículo acadêmico?" (CARVALHO, 2008: 31).

Institui-se aqui a complexidade do tema da relação entre escola e família. Permeada de conflitos, dificuldades e pouca reciprocidade, essa relação é fruto de um processo histórico, político, social e econômico, pois, segundo Rios (2008: 7): "As transformações que se dão numa instituição social afetam as outras. Os desafios que hoje se colocam à escola têm a ver com as modificações na família, e vice-versa".

Obviamente que o grande e maior desafio dessas instituições está exatamente no objetivo comum do processo de construção da humanidade que se faz pela educação, e, desse modo, é responsabilidade de todas as instituições (RIOS, 2008: 8). Entende-se dessa forma que a ligação entre escola e família, tendo esse objetivo singular da construção do ser humano e do seu pleno desenvolvimento, é de fato algo imprescindível. Conforme o trecho a seguir transcrito da conclusão do texto de Arendt sobre a crise da educação:

> A educação é o ponto onde decidimos se amamos o mundo o bastante para assumirmos a responsabilidade por ele e, com tal gesto, salvá-lo da ruína que seria inevitável não fosse a renovação e a vinda dos novos e dos jovens. A educação é, também, onde decidimos se amamos nossas crianças o bastante para não expulsá-las do nosso mundo e abandoná-las a seus próprios recursos, e tampouco arrancar de suas mãos a oportunidade de empreender alguma coisa nova e imprevista para nós, preparando-as em vez disso com antecedência para a tarefa de renovar um mundo comum (ARENDT, 1964/2005: 247).

Aqui, esse mesmo texto se apresenta como uma grande proposta para a escola e a família, a qual supere os conflitos entre as duas instituições e recupere a grandeza do processo educativo, e ainda reafirme a responsabilidade dos educadores perante a construção do mundo que há de vir. Para que essa proposta seja mais que palavras bem ditas, este livro apresentará, em sua segunda parte, sugestões concretas para a construção de relações de parceria entre a escola e a família.

2. Um pouco de história

Impossível falar sobre a relação entre escola e família sem contextualizar as duas instituições. Assim, a opção é pensar inicialmente sobre a história de família. A partir dos estudos de Ariès (1973/2006) sobre a *História social da criança e da família*, sabe-se que os conceitos de infância, enquanto uma fase do desenvolvimento humano com toda a sua especificidade, é um fenômeno recente e, portanto, sincrônico com o nascimento da burguesia moderna. Dessa forma, não se pode negar a grande influência dessa construção do conceito de infância sobre a estruturação do conceito de família.

Nos três últimos séculos, a relação entre pais e filhos vem sofrendo modificações, ou seja, um novo significado da família surgiu juntamente com a Revolução Industrial, superando a noção de uma unidade simplesmente econômica, na qual quanto maior o número de filhos, maior a força de trabalho e a possibilidade de prosperidade financeira, para transformar-se em uma unidade afetiva, em que se estabelecem relações de sentimento entre o casal e os filhos, gerando a necessidade de atenção e cuidados diferenciados para com a criança, especialmente no que diz respeito a sua proteção das tentações da vida. Portanto, juntamente com as escolas e a Igreja, as famílias tornam-se espaço para a educação moral (ARIÈS 1973/2006).

Conforme Berthoud (2003: 30), enquanto na Europa do século XVIII a família nuclear, antes descrita, ganhava cada vez mais espaço, no Brasil, o conceito de família patriarcal foi modelado pelas concepções da antiguidade. Assim a família brasileira tinha como característica ser estendida, da qual faziam parte não somente os pais, os filhos, como também os demais parentes, os agregados, os escravos ou empregados. Essa família patriarcal, segundo Nogueira (2005: 570), era considerada uma unidade de consumo, sendo que os filhos eram tidos como posse do pai e representavam o aumento da perspectiva da renda familiar, uma vez que simbolizavam, como dito, uma nova força de trabalho. Obviamente, o autoritarismo do pai, que submetia os filhos, a esposa e os demais agregados, era elemento engendrador desse tipo de relação.

Todavia, no início do século XIX, as transformações do conceito de família, já enraizadas nos países de primeiro mundo, começaram a atingir o Brasil. A concepção de uma família nuclear amorosa passou a ser incorporada, paulatinamente, pela realidade social brasileira.

> Com chegada da Família Real, no início do século XIX, chega também ao Brasil o ideal burguês da família nuclear, já então difundido por quase toda a Europa. Ideais como a intimidade familiar e sua consequente separação do processo de produção, o liberalismo e o processo tecnológico da revolução industrial começam a mudar gradativamente a organização da família brasileira (BERTHOUD, 2003: 31).

Dentre todas as transformações sofridas pelo contexto social e econômico, a inserção da mulher no mercado de trabalho, o aumento demográfico da população, a proibição do trabalho infantil, a obrigatoriedade de a família e o Estado garantirem a formação escolar para as crianças, a urbanização das cidades, a obrigatoriedade do acesso à escola de nível fundamental, entre outros fatores, desencadearam mudanças nos costumes e na organização das estruturas familiares.

Dessa forma, esse novo conceito de família (BERTHOUD, 2003: 31) tinha como principal mentalidade social a necessidade de os pais cuidarem dos seus filhos, fortalecendo a unidade familiar, dando boa educação para eles, formando-os futuros cidadãos. Essa estrutura era alcançada pelo matrimônio, pela convivência amorosa e romântica do casal com os seus filhos, existente em função das obrigações sociais e emocionais que o homem e a mulher incorporavam.

Pode-se dizer, então, que o casal parental passou a ocupar uma posição central, abdicando gradativamente da família extensa, isto é, da influência e referência dos pais e avós (a família de origem). "A família diminuiu o número de seus membros, isolou-se em relação aos parentes e à comunidade e reforçou seus elos afetivos" (MAGALHÃES, 2008: 15).

O modelo de família nuclear proposto pela burguesia, ainda interpretado como o protótipo ideal, veio sofrendo significativas transformações. Para Sayão & Aquino (2006: 17), as famílias contemporâneas são atomizadas, e a ideia de tradição e vínculo familiar foi substituída pela importância da identidade pessoal e do sucesso e êxito dos filhos.

Pode-se dizer que uma das principais características da família contemporânea é ser relacional. Os estudos de Singly (2007: 32) argumentam que já se foi o tempo no qual a manutenção dos bens domésticos era o principal motivo da união familiar, pois para a família contemporânea a primazia está nos laços relacionais entre as pessoas. Dessa forma: "A família afasta-se cada vez mais do critério biológico e enfatiza a dimensão socioafetiva, independentemente de sua configuração. No processo de transmissão geracional, ressalta-se a influência da história das relações na vida dos sujeitos" (MAGALHÃES, 2008: 15).

Porém, não é possível atualmente expressar uma característica única que descreva o conceito de família contemporânea, pois ela vem sofrendo cada vez mais transformações, influenciada por fatores de ordem social, econômica e até mesmo política. As mudanças são tantas e tão visíveis, que não é raro que se fale hoje em desordem na família, crise na família e até desaparecimento da família (ROUDINESCO, 2003; MAGALHÃES, 2008). Dentre esses fatores, o incentivo à individualidade presente nos tempos atuais, a inserção da mulher no mercado de trabalho, o decréscimo do número de casamentos, as novas formas de conjugalidade, a diversificação dos arranjos familiares, o controle do tamanho da prole e do momento de procriação, representam condições apontadas por Nogueira (2005: 570) para a constituição de novas formas ou tipos de família. Para Magalhães (2008: 14): "Os múltiplos arranjos familiares contemporâneos não eliminaram a lógica tradicional, nem a lógica moderna. Deparamo-nos, atualmente, com a coexistência de diferentes modelos ou mesmo com a presença de modelos híbridos".

Outra questão muito importante a se observar ainda, especialmente num livro que pretende refletir sobre as relações entre a escola e a família, diz respeito à grande importância e influência que tem a questão da escolaridade dos filhos para o funcionamento familiar. Para Singly, citando Ariès:

> Existem dois tipos de família. No primeiro, a pessoa da criança é negligenciada. Só importa o patrimônio e sua mão de obra. É um tipo fecundo. No segundo, a fortuna da família repousa essencialmente na criança e no seu futuro. É um tipo malthusiano (2007: 45).

O autor explica que a escola cria uma ideia particular de infância. E, por isso, a família moderna se baseia nas preocupações educativas. Portanto, os objetivos mudaram, e a criança passa a ser ao mesmo tempo objeto de afeição e também de ambição. Para Singly (2007: 53), o diploma tem o mesmo papel de um dote, e a família tem como principal objetivo que seus filhos alcancem uma formação escolar superior a sua. Logo, a escola é vista como poder e real condição para educar os filhos, sendo isso tudo legitimado pelos pais.

Além disso, no mundo contemporâneo, a criança permanece maior tempo na escola do que com seus familiares, sem contar que os novos valores educacionais que preconizam o respeito pela individualidade e a autonomia dos jovens, aliados à influência fortíssima da cultura narcisista e vaidosa e da exacerbação do eu (própria dos avanços tecnológicos, da ideologia do consumo, da velocidade da comunicação e da descartabilidade dos produtos), representam grande impacto na estrutura familiar (MAGALHÃES, 2008: 15).

Para Nogueira (2005: 570), algo extremamente importante para a família contemporânea diz respeito ao fato de que os filhos significam, hoje em dia, mais que objeto de afeto e de cuidados dos pais, chegando a ser a razão de viver deles e o modo de se realizarem. Segundo a autora, os filhos passaram de futura mão de obra para "bem de consumo afetivo". O investimento em cada filho é e será cada vez maior e melhor, porque "vem ao mundo, sobretudo, para satisfazer necessidades afetivas e relacionais dos pais" (NOGUEIRA, 2005: 571).

No bojo desse movimento emergem novos valores educacionais, preconizando o respeito pela individualidade e pela autonomia juvenis, o liberalismo na relação pais e filhos, que agora devem se pautar não mais pelo autoritarismo, mas sim pela comunicação e pelo diálogo. Em suma, os pais tornam-se os provedores de bem-estar psicológico dos filhos (Nogueira, 2005: 572).

Como o autoritarismo é coisa do passado, os pais procuram estabelecer com os filhos relações de amizade. Conforme já se comentou, para a maioria dos pais, especialmente aqueles das classes socioeconômicas mais favorecidas, educar seus filhos significa instalá-los da melhor forma possível na sociedade, pois pensam-se "os responsáveis pelos êxitos e fracassos (escolares, profissionais dos filhos)" (NOGUEIRA, 2005: 572). Talvez, essa sim, constitua a principal dificuldade dos novos tipos de famílias contemporâneas: a abdicação do papel de educador, como já abordado no primeiro capítulo.

Segundo La Taille (2009: 173), a sociedade atual vivencia uma "cultura do espetáculo", na qual existe uma supervalorização dos "vencedores", ou seja, aqueles que se destacam ou se tornam visíveis aos olhos dos outros pelas roupas que vestem, pelas marcas dos produtos que possuem, pelos cargos que ocupam, e por outras questões tão valorizadas pelo mundo contemporâneo. E um grande perigo dessa realidade é que: "Muitos tendem a sonhar em serem 'vencedores' e/ou 'educar' seus filhos para que o sejam" (LA TAILLE, 2009: 173).

Obviamente, o processo educativo apresenta suas complexidades. Arendt (1964/2005), na sua reflexão sobre a dupla função de educar, ou seja, educar a criança protegendo-a do mundo e preparar o novo adulto de modo a preservar o mundo, conforme comentado no primeiro capítulo, afirma que: "Na educação, essa responsabilidade pelo mundo assume a forma de autoridade". Segundo ela, a autoridade dos pais ou dos professores assenta-se na responsabilidade que eles assumem por este mundo, e as circunstâncias revelam, conforme esta pequena retrospectiva histórica apresentada a respeito do conceito de família, que também a autoridade está em crise, uma vez que os pais de hoje não querem mais ser considerados autoritários, e, portanto, negam a constituição hierárquica nas relações familiares, buscando a simetria com os filhos.

Segundo Arendt, a demonstração da insatisfação das pessoas diante das mudanças históricas e da condição política – desconfiança geral que a modernidade lançou sobre as pessoas, especialmente a dificuldade na perda da autoridade da vida política e a sobreposição da vida privada à vida pública causada pela prevalência do social – traduziu-se na recusa por parte do homem moderno da responsabilidade perante o mundo, que se traduz na educação das crianças:

É como se os pais dissessem todos os dias: "Neste mundo, mesmo nós não estamos muito a salvo em casa; como se movimentar nele, o que saber, quais habilidades dominar, tudo isso também são mistérios para nós. Vocês devem tentar entender isso do jeito que puderem; em todo caso, vocês não têm o direito de exigir satisfações. Somos inocentes, lavamos as nossas mãos por vocês" (ARENDT, 1964/2005: 242).

A frase da autora é forte, mas tem muito a nos dizer, pois alguns pais abdicam do seu papel de adultos na formação e educação dos filhos. Conforme já anunciado anteriormente, nos comentários acerca do problema da crise na educação, os adultos recusam a autoridade, porque não estão certos a respeito dos seus valores. Negaram os valores da tradição e não têm bem definidos os próprios princípios, por isso, recusam-se também a assumir a responsabilidade pelo mundo ao qual trouxeram as crianças. As ideias da autora alertam para o compromisso que o processo educativo inseja.

La Taille (1996: 175), discutindo a dimensão educacional da construção dos limites e das regras, ou seja, o papel da autoridade diante da temática da educação moral, afirma que o "desequilíbrio na convivência entre pais e filhos" se justifica por uma inversão de valores, de forma que os adultos se adaptam ao mundo infantil, e não este último aos primeiros, ou seja, a sociedade pode ser atualmente denominada puericêntrica. Outro problema apontado pelo mesmo autor diz respeito ao crescente permissionismo que conduz às intervenções parentais, de modo que criança habitua-se a ter os seus desejos satisfeitos desde muito cedo.

A questão é que os pais de hoje vivem esse grande conflito de não saber exatamente por quais limites, valores e ideais pautarem as suas intervenções educativas. Segundo Sayão e Aquino (2006: 59):

> Por conta desse anseio dos pais de serem vistos pelos filhos como amigos, eles tornam a relação quase simétrica. Entretanto, no dia a dia, eles gostariam de manter a hierarquia. Gostariam, mas não conseguem. Ora, fazer de conta que é amigo do filho ou se portar como um irmão mais velho, nada mais é do que deixá-lo sem pai nem mãe. É abandonar o posto. Por que as pessoas ainda têm filhos, então?

Para o sociólogo Godard, a resposta a esta pergunta realizada pela psicóloga Rosely Sayão – por que as pessoas ainda têm filhos, se não sabem mais como educá-los e se querem ter amigos nas crianças, e não filhos? – seria a seguinte:

> Tudo se passa como se o êxito do filho constituísse uma espécie de símbolo do êxito pessoal dos pais, do bem fundado de seus valores e de sua concepção de educação: como se êxito se tornasse para os pais um critério fundamental de sua autoestima (GODARD, 1992, citado por NOGUEIRA, 2005: 572).

Obviamente, esses fenômenos e modificações importantes vivenciados pela família a partir da sua contextualização política, social e econômica também atingem as escolas. Talvez por esses motivos seja tão comum ouvir as pessoas comentarem nostalgicamente que "não se faz mais famílias como antigamente". Comentário esse também bastante comum nos corredores das escolas.

Os professores parecem buscar nas novas organizações familiares o motivo para o insucesso escolar das crianças. Trata-se de um grande equívoco, por dois motivos: primeiro, porque não se pode afirmar que as famílias monoparentais, ou de pais divorciados, ou de pais homossexuais, dentre tantas outras formas de configurações familiares contemporâneas, sejam desorganizadas, desestruturadas, dentre outros adjetivos inapropriados, pois, o que se apresentam são novas estruturas familiares, coerentes com o contexto social, político e econômico deste tempo; e, em segundo lugar, considerar a família de antigamente a ideal, ou dizer que a típica família brasileira é a estendida, igualmente representa um enorme erro, visto que constitui uma visão idealizada e preconceituosa da concepção familiar.

A escola também sofreu muitas modificações especialmente a partir do início do século XX. Todavia, essas transformações, que serão pontuadas a seguir, não foram suficientes para sanar as grandes dificuldades no tocante à construção da relação de parceria entre escola e família. Conforme palavras de Paro (2000: 15):

> A escola tem falhado não só por estar mal aparelhada, com métodos inadequados e professores mal formados, embora não se possa menosprezar o enorme peso desses fatores. A escola tem falhado também porque não tem dado a devida importância ao que acontece fora e antes dela, com seus educandos.

Ao se pensar nas transformações pelas quais as escolas passaram, segundo Nogueira (2005: 573), quatro são essencialmente importantes para o tema deste livro. Em primeiro lugar, pode-se falar nas novas perspectivas pedagógicas adotadas atualmente pela grande maioria das escolas: de acordo com essas abordagens, o aluno é compreendido como um sujeito ativo na construção do conhecimento. A escola antigamente era a única instituição que se considerava fonte de informação e conhecimento para o aluno. Os professores eram os detentores desse conhecimento e o transmitiam aos alunos.

Atualmente as crianças contam com outras tantas fontes de saber e, desse modo, a escola compreende que o aluno possui sempre entendimentos prévios a respeito dos mais diversos temas abordados nas aulas; portanto, se é necessário conhecer o aluno e respeitá-lo em sua diversidade socioeconômica e cultural, isto significa, entre outras posturas, que se deve ter maiores contatos com a família de seu educando.

A tendência à proximidade com a família é, portanto, o segundo aspecto de transformação vivenciada pela escola e apontada por Nogueira (2005: 573). Conforme as suas palavras: "A instituição escolar moderna deve conceber seu trabalho educativo em conexão com as vivências trazidas de casa pelo educando". Assim, toda escola reconhece a necessidade de aproximar-se das famílias, de conhecê-las, de buscar construir uma continuidade entre a educação familiar e a escolar. Mas a grande dificuldade do professor parece estar exatamente em como promover essa parceria. Paro (2000: 66) afirma que os membros da escola têm consciência de que a conjugação de seus esforços com os dos pais tende a melhorar o desempenho escolar dos alunos; porém, de acordo com suas palavras:

> A importância é reconhecida no discurso, mas ela ainda parece não ter força para justificar um esforço coordenado da escola para levar os pais a agir. Todavia, quando se conversa com os professores sobre o assunto, eles se mostram tocados pela necessidade de se fazer alguma coisa a respeito (Paro, 2000: 66).

Mas fazer o quê? Muitas escolas, sob o argumento da necessidade de conhecer a realidade dos alunos e, portanto, de sua família, acabam buscando informações sobre os acontecimentos familiares mais íntimos. Trata-se de um outro aspecto da transformação vivida pela escola moderna, segundo Nogueira (2005: 573). Certamente esse não é o caminho para o estabelecimento da parceria na relação entre escola e família. Invadir essa zona de fronteira pode ser perigoso e gerar dependência. Conforme Sayão e Aquino (2006: 76): "Atualmente, uma família que se preza está cercada de especialistas em tudo".

Assim, configura-se o último aspecto de mudança na escola, apontado por Nogueira (2005: 573): "A escola estende agora a sua área de atuação em direção a terrenos reservados, no passado, à socialização familiar, como, por exemplo, a educação afetiva e sexual". A escola hoje tem, entre os seus principais objetivos, ensinar a ser e ensinar a conviver. Precisa estar preparada para assumir novas nuanças do processo educativo, e, entre eles, auxiliar as famílias que nela depositam, atualmente, uma expectativa muito mais complexa.

As palavras provocativas de Sayão e Aquino (2006: 76) confirmam essa tendência:

> E a escola acaba figurando como a única responsável pela formação da criança e do jovem. Largamos os filhos lá por duas décadas e depois buscamos para ver no que deu. Não é de estranhar, portanto, essa aura de loteria que tem a educação formal de hoje.

A incursão pela breve história dos conceitos de escola e família pode auxiliar na organização e elucidação das dificuldades que permeiam ambas as instituições. A escola acusa a família de negligência, e a família encontra-se por sua vez sem referências para educar. Além disso, atualmente, tem sido objeto de políticas educacionais, "sendo a participação dos pais/mães na escola enfocada como solução para a elevação da produtividade/qualidade escolar e do desempenho acadêmico dos estudantes" (CARVALHO, 2008: 31). Mas os limites dessa atuação também são grandes, pois as famílias apresentam especificidades próprias e, portanto, não têm todo esse poder para transformar o desenvolvimento acadêmico de suas crianças. Por outro lado, teria a escola a real possibilidade de modificar as famílias?

O próximo capítulo procura discutir os principais aspectos da relação entre escola e família.

3. A relação entre escola e família

Segundo Nogueira (2005: 574): "Se a família vem penetrando crescentemente nos espaços escolares, a escola também, por sua vez, alargou consideravelmente sua zona de interação com a instituição familiar". Todavia, embora pareça que os encontros entre escola e família sejam mais constantes, toda a literatura a respeito do tema afirma que tais momentos são permeados de dificuldades, fato admitido pelos próprios professores que se queixam comumente do despreparo, da ausência e, principalmente, do desinteresse dos pais pela vida escolar dos filhos.

Os pais, por outro lado, costumam afirmar que os horários em que tais encontros são propostos são inadequados e, tantas vezes, inacessíveis. As maneiras como as reuniões são conduzidas nem sempre são convenientes, conforme a experiência de dona Júlia, uma mãe que se sentiu constrangida em uma reunião na qual, depois de ouvir uma palestra com termos incompreensíveis para ela, não lhe foi dada oportunidade de falar. Esse relato, apresentado por Althuon, Essle e Stoeber (1996: 30), ilustra a vivência de experiências frustrantes, vexatórias e humilhantes, como quando, por exemplo, os problemas de uma determinada criança são expostos aos seus pais na frente de todo o grupo de pais e responsáveis da turma ou classe da qual faz parte essa criança.

Parece que não há uma articulação entre as instituições – família e escola – que compartilham do objetivo de educar as crianças. Polônia e Dessen (2005: 16) afirmam que "vários autores têm discutido os diferentes mecanismos e estratégias de integração entre pais e escola, reconhecendo suas particularidades e apontando os pontos que favorecem e dificultam tal relação". Mas para as autoras a primeira grande dificuldade está em definir o tipo de envolvimento que deve acontecer entre as duas instituições. Isso é difícil, pois o termo abarca situações muito amplas de interação, e também porque não é possível um único conceito de envolvimento, em se considerando a diversidade de famílias e escolas.

Assim, para as autoras, existem cinco tipos de envolvimento entre os contextos familiar e escolar: obrigações essenciais dos pais (promoção do desenvolvimento integral da criança, por exemplo, os cuidados com a saúde); obrigações essenciais da escola (diz respeito às formas com que viabiliza a participação dos pais, como, por exemplo, a explicitação do seu funcionamento); envolvimento dos pais em atividades de colaboração (refere-se à participação e colaboração dos pais em atividades extracurriculares, como organização de eventos); envolvimento dos pais, em casa, em atividades que afetam a aprendizagem e o aproveitamento escolar (o principal exemplo é o auxílio que eles prestam aos filhos para que façam a "lição de casa"); envolvimento dos pais no projeto político-pedagógico escolar (reflete a participação efetiva deles nas tomadas de decisões quanto às metas e aos projetos da escola) (POLÔNIA & DESSEN, 2005: 8).

O pesquisador Virgínio Sá (2001) apresenta dados interessantes acerca do envolvimento entre pais e professores. Ele aponta a existência de uma "duplicidade discursiva", ou seja, a família demonstra que possui preocupação e desejo de envolver-se com os assuntos escolares; por outro lado, os discursos dos educadores demonstram o interesse de que os pais participem das situações que acontecem fora dos muros da escola, como o auxílio nas tarefas de casa, o auxílio com prendas para as festinhas das escolas etc.

Os professores têm medo de que a família termine por invadir áreas que, segundo eles, não lhe pertencem, como, por exemplo: avaliação dos professores, definição de calendário e currículo escolares, entre outros. Assim, as possibilidades de participação que os professores oferecem aos pais são restritivas ou exigem um conhecimento que estes últimos não possuem, acabando por afastá-los. Segundo Sá, esse procedimento acarreta problemas aos genitores, porque "[...] ao recusarem as ofertas participativas que lhe são proporcionadas, arriscam-se a ser etiquetados como pais negligentes, inaptos e irresponsáveis, a quem pode facilmente ser imputada a culpa pelos eventuais insucessos dos seus educandos" (2001: 87).

Mas será realmente importante a participação dos pais para o desenrolar de um processo de ensino de qualidade para os alunos? Segundo os autores já citados, depende do que se entende por participação. Afinal, algumas escolas acham que a estão garantindo quando os convidam para ornamentarem o pátio para uma festa comemorativa, ou quando os responsabilizam por angariar prendas para um bingo em benefício da escola, ou ainda quando são convidados a participar enviando uma colaboração mensal, enfim. Na verdade, segundo Carvalho (2008: 33): "Os professores assumem uma posição ambígua: desejam a ajuda dos pais, mas se ressentem quando estes interferem no seu trabalho ou questionam a sua autoridade".

Para que se possa pensar em uma real participação dos pais, é necessário principalmente que a escola assuma o seu papel; isto significa dizer que professores, coordenadores e diretores de escola é que são os especialistas em educação, e desse modo cabe a eles "[...] a preocupação de estudar formas organizacionais mais adequadas de integração dos pais a propósitos escolares de melhoria de ensino [...]" (PARO, 2000: 17).

Segundo Paro, a escola deve estar alerta ainda a respeito da "falta de iniciativa" dos professores e mesmo um "desconhecimento em como promover a participação dos pais" (PARO, 2000: 65). Algumas atitudes dos educadores, como enviar bilhetes com reclamações das crianças e fazer relatórios a respeito do desempenho escolar dos alunos (normalmente daqueles que têm dificuldades de comportamento, ou de aprendizagem) na presença de outros pais, são exemplos de ações que promovem o afastamento da família. Essas situações são delicadas e precisam de uma atenção especial, pois se os professores, que são especialistas de educação, sentem-se tantas vezes despreparados para trabalhar com as questões da indisciplina, das dificuldades de aprendizagem, dos problemas da inclusão, o que poderão fazer os pais sem a devida cooperação do educador?

Segundo Sayão (2003: 217), "A escola precisa, e deve, dar conta do que acontece no espaço de sua responsabilidade. Se é na sala de aula ou no pátio que o aluno se comporta de modo agressivo, inadequado, indisciplinado, é na escola que isso deve ser resolvido". Para a autora, a escola cada vez mais tem reprovado em massa os pais. Os alunos que não têm um bom aproveitamento escolar, um bom comportamento, não são retidos, mas aprovados automaticamente, mas "a escola envia bilhetes aos pais cobrando soluções, faz encaminhamentos terapêuticos dos alunos, propõe reuniões familiares para discutir o caso etc." (SAYÃO, 2003: 191). Resultado: conflito e confusão.

Obviamente que a escola reprova a forma como os pais educam em casa. Mas o que ela sabe sobre isso? Segundo Caetano (2008a), os pais realmente se sentem perdidos na hora de educar, pois não entendem quase nada a respeito do desenvolvimento psicológico das crianças, nem de boas intervenções; sabem apenas que não querem ser autoritários como os pais de antigamente, pois não acreditam na imposição da obediência cega. Todavia, querem ser orientados, escutados, acolhidos e, até mesmo, aprender mais sobre a educação dos seus filhos. "Para se estabelecer uma relação efetiva entre pais e escola é necessário que os professores aceitem a responsabilidade de se comunicarem de forma clara, simples e compreensível com os pais" (POLÔNIA & DESSEN, 2005: 10).

Para Sayão (2003: 218), as duas instituições têm a função educativa, e a grande dificuldade da relação entre a família e a escola está na transferência do papel desta última para a família e vice-versa. Dentro da compreensão da autora, a definição desses papéis é algo muito simples e direto: a escola é espaço coletivo, lugar, portanto, de a criança ser educada para a cidadania, enquanto a família é espaço privado, e os pais devem ensinar os seus filhos a viver. Daí a sua frase que diz: "A escola deve ajudar o aluno a se libertar dos pais" (SAYÃO, 2003: 188).

Não há como negar, desse modo, o que é consenso entre estudiosos do tema sobre a relação entre escola e família: "De que se trata de uma relação complexa e, por vezes, assimétrica, no que diz respeito aos valores e objetivos entre essas duas instituições [...]" (NOGUEIRA, ROMANELLI & ZAGO, 2000: 9). Tal afirmação é suficiente para justificar a necessidade da reflexão por parte do educador sobre tais questões, buscando a construção de uma relação de cooperação com a família. Cooperação no sentido piagetiano, de "operar com", o que significa escutar as duas partes, pensar junto, trocar pontos de vistas, vivenciar o respeito mútuo.

Conforme as palavras de Piaget (1948/2000: 50), mencionando as questões referentes ao direito à educação no mundo atual, "[...] se toda pessoa tem direito à educação, é evidente que os pais também possuem o direito de serem, se não educados, ao menos informados e mesmo formados no tocante à melhor educação a ser proporcionada aos seus filhos". Segundo ele, a ideia é que a escola construa uma ligação com a família de modo a possibilitar uma ajuda recíproca, que garantirá inclusive a divisão das responsabilidades. Portanto, faz-se necessário reafirmar uma imprescindível consideração. Há que se reconstruir o momento mais comum onde se dá a intersecção entre as instituições escola e família: a reunião de pais. Isto significa, segundo Paro (2000: 17):

> [...] uma postura positiva da instituição com relação aos usuários, em especial pais e responsáveis pelos estudantes, oferecendo ocasiões de diálogo, de convivência verdadeiramente humana, numa palavra, de participação na vida da escola. Levar o aluno a querer aprender implica um acordo tanto com educandos, fazendo-os sujeitos, quanto com seus pais, trazendo-os para o convívio da escola, mostrando-lhes quão importante é sua participação [...].

Como alcançar essa forma de postura na reunião de pais é a proposta deste livro. Obviamente que não existem receitas ou roteiros prontos. O que aqui se apresentam são noções simples que possam nortear o educador, oferecendo-lhe um primeiro passo ou uma ideia inicial capaz de lhe servir de subsídio para que, dentro da individualidade de cada grupo de pais e de cada escola, se construa a desejada parceria.

Antes de apresentar as propostas de dinâmicas para o trabalho de reunião de pais, o próximo capítulo oferece uma breve reflexão a respeito de algumas pesquisas sobre a relação entre escola e família, discutindo os seus resultados como uma forma de mapear o estado da questão.

4. Algumas pesquisas sobre a relação escola e família

Infelizmente, poucos são os pesquisadores que se debruçam sobre a temática da relação entre escola e família. Polônia e Dessen (2005: 3) afirmam que as investigações cujos propósitos atendem a essa temática são limitadas, especialmente no tocante a estratégias que possam ampliar e melhorar tais relações, no caminho da definição dos papéis de cada instituição e da cooperação concreta entre elas. A pesquisa de Szymanski (2007: 36) é um exemplo de uma proposta de trabalho que acredita na possibilidade do exercício de práticas educativas familiares numa perspectiva de formação, compreendendo que a troca e o diálogo entre pais, pesquisadores, educadores e outros profissionais podem ser de grande valia para o desenvolvimento da área educacional da família.

Desse modo, diferentemente da concepção que prevalecia nas gerações passadas, de que bastava ser pai e mãe para saber educar, as gerações contemporâneas têm reconhecido cada vez mais a necessidade de formação e estudo para bem efetuar o papel de educador. Nogueira (2005: 575) relata, em suas investigações sobre a relação entre escola e família na contemporaneidade, que existem três processos correspondentes às transformações do tema na atualidade.

O primeiro diz respeito ao processo de aproximação das duas instituições, conforme apontado no primeiro capítulo. Logo, a família tem acessado mais o ambiente escolar, algumas vezes para questionar a respeito do bom desempenho da escola, mas outras tantas vezes, também, para aprender a educar seus filhos. Coerentemente, essa tendência atual faz com que os adultos busquem cada vez mais o auxílio de especialistas, dentre eles professores, médicos, psicólogos e outros profissionais de áreas afins, por possuírem cada vez maior formação escolar, pela valorização do *capital escolar*, conforme aponta Singly (2007: 49), e pela própria difusão das ideias dos direitos das crianças e dos pais.

O segundo processo de transformação do tema explicado por Nogueira (2005) é a individualização da relação entre escola e família, e refere-se à tendência de que tal relação seja mais e mais realizada face a face, ou seja, com encontros entre pais e professores feitos individual e frequentemente.

Por último, o terceiro aspecto de transformação trata do tema sempre recorrente da redefinição dos papéis da escola e da família. Segundo as palavras de Nogueira (2005: 575):

> De um lado, a escola não se limita mais às tarefas voltadas para o desenvolvimento intelectual dos alunos, estendendo sua ação aos aspectos corporais, morais, emocionais do processo de desenvolvimento. De outro, a família passa a reivindicar o direito de intervir no terreno da aprendizagem e das questões de ordem pedagógica e disciplinar.

Certamente, todos esses processos de transformações da relação entre família e escola são frutos de muitos conflitos e tensões, e não é possível avaliar ou julgar se a interação entre as duas instituições pode ser considerada mais acessível e satisfatória na contemporaneidade. Oliveira (2002: 133), ao realizar uma investigação sobre as representações sociológicas e psicológicas de pais e professores, quanto à relação entre escola e família, também constatou, a partir da multiplicidade das representações que obteve em sua pesquisa, um nítido clima de confronto entre as duas instituições, especialmente no tocante à definição das fronteiras entre elas.

O que se pode afirmar mediante os resultados das pesquisas estudadas, com consenso em todas elas, é que a influência positiva da família na vida escolar das crianças e sua participação na escola favorecem o bom desempenho dos alunos, e também a sua longevidade escolar.

Viana (2000: 47) realizou uma pesquisa exatamente sobre este último aspecto, a longevidade escolar, em famílias de camadas populares. A pesquisa comprovou que existem maneiras particulares de a família participar da construção do sucesso escolar dos filhos. Os sujeitos avaliados demonstraram que a autodeterminação que os conduziu a concluírem o ensino superior, ainda que oriundos de classe social desprivilegiada, deveu-se muito mais à influência de suas famílias (de maneiras particulares para cada caso) do que pelo investimento educativo da própria escola.

Uma outra pesquisa, que caminha numa perspectiva bastante próxima a esta última, é relatada por Portes (2000) em um artigo intitulado "O trabalho escolar das famílias populares". O estudo aponta atitudes praticadas pelas famílias (como presença da ordem moral doméstica, a atenção para com o trabalho escolar do filho, esforço para compreender e apoiar o filho, a busca da ajuda material, entre outros) como responsáveis pela permanência dos alunos na escola e, mais que isso, o seu ingresso (considerado impossível estatisticamente) na universidade, especialmente, a pública.

Polity (2001), ao investigar a interação da família com a criança que tem dificuldade de aprendizagem, afirma que o papel familiar é essencial no processo de construção de uma nova relação da criança com o saber. Segundo ela: "Quando os pais e a escola oferecem compreensão e ajuda adequadas, muitas crianças demonstram melhora acentuada e sensível redução nos conflitos emocionais resultantes do contínuo fracasso".

Essas pesquisas retomam um argumento muito pertinente e que se estabelece como um dos aspectos que fundamentam o estudo de Paro (2000: 15): "Uma postura positiva com relação ao aprender e ao estudar não acontece de uma hora para outra nem de uma vez por todas [...]". O autor argumenta, portanto, que a escola precisa atentar para a imprescindível importância do papel da família na "tarefa de desenvolver nos educandos atitudes positivas e duradouras com relação ao aprender e ao estudar". Inclusive, salienta a ideia de que as crianças que contam com o desejo de aprender acabam impreterivelmente tendo sucesso na sua formação, apesar da escola.

Pode-se citar ainda a interessante pesquisa de Nord (2000) sobre a importância da participação dos pais (os homens) nas escolas. Ele investiga as famílias formadas por pai e mãe, e aquelas constituídas por pais ou mães solteiros. Os dados colhidos revelam que, quando a família composta pelos dois pais participa das atividades da escola, o envolvimento da mãe é muito maior do que o do pai; e a família composta por um dos pais, quando toma parte na vida escolar da criança, seja o pai, seja a mãe, assume igualmente a responsabilidade, como a mãe do primeiro tipo de família.

O resultado mais significativo desta pesquisa diz respeito ao fato de que os filhos de famílias compostas pelo pai e pela mãe, e quando esta se envolve nas atividades escolares, são alunos (de 6 a 12 anos) menos propensos a repetir o ano letivo ou a serem suspensos ou expulsos da escola. Quanto às crianças que vivem apenas com um dos pais, obtêm menos êxito na escola e apresentam com frequência comportamentos inadequados.

Nogueira, ao relatar uma investigação sobre a trajetória de estudantes provenientes de famílias cujos pais são professores universitários com alta formação, também oferece importantes contribuições sobre a relação entre escola e família. Os resultados que encontra mostram a importância das relações afetivas da família: "[...] a constatação do fenômeno do fracasso escolar entre indivíduos pertencentes aos estratos superiores da população, inclusive às elites diplomadas" (NOGUEIRA, 2000: 151), é um fator extremamente relevante, pois, segundo a autora, a transmissão dos valores culturais não se dá automaticamente, mas depende do modo como pais e filhos se envolvem.

Polônia e Dessen (2005: 9) apresentam em seu artigo várias pesquisas que avaliam as percepções dos pais e professores sobre a relação entre escola e família e como se constitui esse envolvimento. Todas elas afirmam a importância e a influência inquestionável da família como agente educativo. Do mesmo modo os pais, segundo tais pesquisas, também veem de modo positivo a sua participação no processo educativo, especialmente quando se sentem aliados dos professores. Logo, novamente, observa-se a partir de tais apontamentos o quanto o sucesso dessa relação depende da percepção e da postura dos professores:

> De acordo com Laureau (1987), quando os professores consideram os pais como parceiros, eles desenvolvem estratégias de acompanhamento e auxílio sistemático aos filhos, promovendo uma melhor interação entre os vários níveis curriculares, o que possibilita, ao aluno, usar todo o seu potencial. E, ao contrário, se os professores estabelecem um contato distante, rígido, baseado apenas no conteúdo, os pais também adotam essa postura e percebem a relação com a escola como um momento que gera ansiedade e frustração (apud POLÔNIA & DESSEN, 2005: 9).

Portanto, o papel da escola na construção de tal relação, segundo as pesquisas relatadas, é fundamental. Exatamente por serem especialistas em educação, os professores têm maiores condições de se organizarem e refletirem sobre as melhores formas de auxiliarem as famílias na construção de um vínculo de cooperação. Conforme as palavras de Piaget:

> Uma ligação estreita e continuada entre os professores e os pais leva, pois, a muita coisa mais que a uma informação mútua: este intercâmbio acaba resultando em ajuda recíproca e, frequentemente, em aperfeiçoamento real dos métodos. Ao aproximar a escola da vida ou das preocupações profissionais dos pais, e ao proporcionar, reciprocamente, aos pais um interesse pelas coisas da escola, chega-se até mesmo a uma divisão de responsabilidades (1948/2000: 50).

A questão da divisão das responsabilidades em relação à educação da criança significa, entre outras coisas, que a escola deva refletir sobre alguns aspectos essenciais:

- os pais não são especialistas em educação; os professores, sim;

- reprovar os pais não ajuda em nada;

- julgar, criticar e culpabilizar a família não é papel da escola;

- transferir a função da escola para a família somente reforça sentimentos de ansiedade, vergonha e incapacidade dos pais;

- deixar o problema do lado de fora dos portões da escola, ou dar o diagnóstico e não passar a receita, é o tipo de atitude que revela falta de compromisso por parte do educador;

- a grande dificuldade da família hoje em dia está no processo de educação afetiva e moral.

Todos esses aspectos precisam ser devidamente repensados pelos educadores. Assim como realizam o planejamento para o trabalho com as crianças, os professores também necessitam planejar a interação com as famílias. Cecconello, De Antoni e Koller (2003: 50), ao apresentarem uma pesquisa cujo objetivo foi investigar os estilos de práticas educativas das famílias e a sua relação com o abuso físico das crianças, afirmam a importância da coerência de atitudes entre os diversos ambientes que os pequenos frequentam, a fim de melhorar e ampliar o desenvolvimento infantil.

Quanto mais coesa a família e a escola, por exemplo, estiverem em relação a valores e estilos de comportamento positivos, melhor a criança poderá desenvolver suas capacidades. O risco para o abuso está nas informações e nos comportamentos contraditórios encontrados nos diferentes microssistemas.

Essa questão proposta pelas autoras é bem fácil de ser ilustrada, quando se pensa nos bilhetes (e quantos eles são!) que as professoras enviam no intuito de pedir ajuda aos pais para resolver os problemas comportamentais das crianças na escola, como, por exemplo, a agressão física. Muitas vezes, tais bilhetes representam um documento escrito que comprova a cumplicidade da escola com a violência doméstica praticada em casa. Qual é a professora que não sabe que a maioria das famílias, especialmente aquelas de níveis socioeconômicos mais baixos, por não saberem o que fazer, ao receberem um desses bilhetes "resolvem o problema" através de uma boa surra na criança, para que ela aprenda a se comportar?

Caetano (2008a: 185) realizou uma pesquisa com pais de crianças pequenas, as quais estudavam em dois tipos de escolas diferentes, para investigar o que eles pensam sobre o conceito de obediência na relação entre pais e filhos. Uma escola tradicional aplicava um método pedagógico mais fundamentado na transmissão de conteúdos e uma outra tinha uma abordagem construtivista, sendo que, nessa última, as professoras realizavam um trabalho voltado ao desenvolvimento psicológico e moral dos pequenos.

Quando os pais foram interrogados a respeito do motivo pelo qual escolheram as respectivas escolas para seus filhos, a principal resposta foi a conveniência, ou seja, porque a escola tinha um bom preço ou porque era mais próxima de suas residências. Depois, quando foram perguntados se percebiam que a escola aplicava algum tipo de trabalho específico em relação à questão do comportamento das crianças e a sua educação para a moralidade, para os valores, os pais da segunda escola afirmaram que percebiam um "método diferenciado" de se lidar com os pequenos.

Porém, infelizmente, o mais surpreendente nessa pesquisa, em relação ao tema escola e família, foi que, embora os pais tenham percebido essa diferença na forma como a segunda escola lidava com as questões da moralidade, pela convivência com os próprios filhos, que traziam para casa formas diferenciadas de resolver os conflitos com os irmãozinhos, por exemplo, ainda assim essa percepção paterna em nada alterava ou atingia sua maneira de educar, a qual pouco se modificava em relação à dos pais da instituição tradicional. Esse dado revela que a escola não trabalhava de forma sistemática com a família (CAETANO, 2008a: 185).

O trabalho da escola em relação à família necessita encontrar caminhos para que as duas instituições possam auxiliar-se mutuamente na construção do desenvolvimento infantil. Trocando em miúdos, significa que a escola precisa estar disposta a acolher a família e, mais que isso, elaborar junto com ela práticas educativas.

> Pais, familiares e lideranças da Comunidade não podem ser apenas convidados a participar da Escola. Eles devem ser convocados a constituir Escola. É impensável uma Escola em que a responsabili-

dade de ensino-aprendizagem dos educandos não seja compartilhada pela Comunidade (CASALI, 2008: 22).

Por isso, este livro tem como objetivo principal propor algumas atividades que possam resgatar essa possibilidade de a escola e a família assumirem seus erros, assim como seus acertos, para, em diálogo e comum acordo, buscarem juntas – como aliadas e não adversárias, como tantas vezes acontece –, assumir a responsabilidade pela educação das crianças e dos jovens, a fim de que eles possam crescer e se desenvolver verdadeira e plenamente, protegidos do mundo; para que, depois, esses recém-chegados ao mundo, bem preparados, sejam capazes de assumi-lo com humanidade, dignidade, justiça e responsabilidade.

Qual o papel da escola e da família para que, de fato, as crianças possam construir valores morais universais e, portanto, desejáveis a toda a sociedade, como dignidade, justiça e responsabilidade? É o que se discute no próximo capítulo.

Assim, pensando que a reunião de pais é a oportunidade mais comum e, portanto, o espaço inicial para a construção desse processo de parceria na relação entre pais e filhos, passa-se à questão: em quais momentos, normalmente, esse encontro é possível?

5. A reunião de pais

Quem tem filhos na idade escolar, mensal ou bimestralmente, acrescenta na agenda um sério compromisso: a reunião de pais. Trata-se de um dos raros momentos em que as duas instituições imprescindíveis à educação das crianças, a escola e a família, se encontram.

Ouvindo o discurso dos professores, observa-se que, na maioria das vezes, tais situações não são tão satisfatórias, conforme os próprios relatos: "Os pais costumam se ausentar desses momentos, preparados para compartilhar com a família os fatos relativos à vida escolar e ao desenvolvimento dos alunos"; "Os pais, que mais precisam estar presentes, não vêm às reuniões"; "Eis uma hora muito difícil para o professor, pois não se pode omitir dos pais as dificuldades de aprendizagem, bem como os problemas de comportamentos inadequados das crianças"...

Por outro lado, quando se escuta os pais, outros argumentos também têm de ser destacados: "Ficamos horas ouvindo recados que nos podiam ter sido enviados por escrito"; "Eu sei das dificuldades do meu filho, e por isso nem vou às reuniões, pois é frustrante ouvir a professora repetir o que eu já sei"; "A sensação que tenho, depois que terminam as reuniões, é a de que eu não sei ser pai (ou mãe)"; "A professora disse que meu filho não tem se comportado... Eu já conversei, já expliquei e até bati! Não sei mais o que fazer...".

As dificuldades que permeiam os encontros entre família e escola ficam explícitas, sendo, portanto, recíprocas para pais e professores. A questão é que ninguém ousa negar a essencialidade da educação formal, que é função da escola, para o desenvolvimento social, intelectual, moral e afetivo da criança. Desse modo, os professores estão imbuídos de razão em preocupar-se com a necessidade do comparecimento da família, aos menos nas reuniões de pais, pois estão cientes da implicação positiva do interesse e da participação deles na vida escolar dos filhos.

Algumas pesquisas relatam (PARO, 2000; SÁ, 2001; POLÔNIA & DESSEN, 2005, SZYMANSKI, 2007), entretanto, que, em oposição ao que o discurso de senso comum afirma, ou seja, que "Um número significativo de famílias, cujos filhos vivenciam a idade escolar, não se importa nem se interessa pela vida escolar deles", os pais e mães dos estudantes valorizam, sim, a escola de seus filhos, concebem-na enquanto uma vivência imprescindível para que eles se tornem adultos realizados profissional e pessoalmente, procuram incentivá-los e estimulá-los em seus estudos e, ainda, por mais surpreendente que possa parecer, gostariam de se envolver mais na instituição escolar, inclusive, podendo opinar sobre o currículo, as avaliações e até mesmo a escolha e contratação dos professores.

Obviamente, alguns fatores impedem muitas vezes a participação dos pais nas reuniões: horários inadequados, a impossibilidade de levar os filhos, experiências desagradáveis vivenciadas em encontros anteriores, sentimentos de vergonha e humilhação diante do contexto de suas vidas (autocrítica quanto a suas roupas simples, aparência física, condição de desemprego, ignorância etc.), a real falta de condições de irem até a escola (moram muito longe, não há ônibus no horário em que termina a reunião, não existem recursos para pagarem os meios de transportes); enfim, situações que podem parecer extremadas, mas que de fato acontecem, como exemplifica o relato de uma educadora:

A mãe de uma aluna da terceira série, cujo cônjuge a havia abandonado recentemente, deixando-a com cinco crianças pequenas para criar, justificava a sua ausência na reunião através de um bilhete escrito com muitos erros gramaticais e ortográficos, onde relatava tal situação à professora, contando que precisava trabalhar para que as crianças tivessem o que comer. Logo, os pequenos ficavam com a filha maior de 9 anos, enquanto ela trabalhava durante o dia em casa de família e, à noite, costurava bermudas para uma confecção, que lhe cobrava um grande número de peças semanais; e caso ela não cumprisse tal cota, perderia o emprego. Portanto, ela não fora à reunião para não deixar de cumprir as cotas.

Casos e exceções à parte, a discussão prossegue na consideração de que, se algo não pode ser negligenciado, é o fato de a participação dos pais na vida escolar das crianças ser um valor inestimável para o processo de formação infantil. Porém, a escola também necessita estar ciente dos seus limites, o que significa o cuidado para não projetar o que Carvalho (2008: 32) chama de "uma visão romântica" de pais/mães na escola: "Presume que a escola pode mudar a família e, ao mesmo tempo depende da família para melhorar; considera algumas famílias deficientes e, ao mesmo tempo, responsáveis pela eficiência escolar".

Logo, uma vez que a própria comunidade científica de pesquisadores é unânime quanto à relevância da contribuição familiar, a escola, que conta com especialistas em educação, profissionais preparados e remunerados para a educação formal das crianças, precisa refletir sobre algumas questões: a participação da família é importante, mas a sua não participação não pode ser justificativa para o fracasso escolar, assim como a escola pode e deve realizar um trabalho de construção de parceria com a família; entretanto, isso não implica transformá-la imediatamente. Esse trabalho de transformação social é papel, sim, da escola, porém, a longo prazo, e acontece quando ela verdadeiramente assume tal tarefa.

Naquilo que diz respeito à relação entre escola e família, como bem se sabe, ela é complexa, assimétrica e normalmente permeada de conflitos. Portanto, caberá aos educadores convertê-la em uma relação de parceria, já que, se prezam pela qualidade do ensino, não podem ignorar que carecem do envolvimento real dos pais. Contudo, o seu trabalho pedagógico necessita ser bem realizado, contando ou não com essa parceria. Assim, é extremamente importante que os educadores possam refletir sobre o significado dessa parceria em primeiro lugar.

Falar de parceria corresponde a algo muito maior que aquela tão comum participação dos pais na venda de rifas ou pizzas, no envio de prenda para a festa junina, ou na possibilidade de prestar um serviço para escola (cortar a grama do parque, ajudar na ornamentação ou na limpeza). Também não significa que tais ações não sejam bem-vindas; entretanto, a parceria entre escola e família pressupõe cooperação, no sentido de pensar junto, aprender junto, decidir junto, trocar ideias, sentir-se parte de um grupo. "Ora, parceria supõe soma de diferentes contribuições e relações igualitárias baseadas em concepções de educação e valores compartilhados, expressos no projeto político pedagógico da escola" (CARVALHO, 2008: 32).

O segundo ponto de reflexão que aqui se propõe diz respeito exatamente às poucas oportunidades em que essa parceria encontra espaço para ser construída, ou seja, nas reuniões de pais. Quantas observações podem ser aqui apontadas, mas opta-se por relatar o caso da escola pública de ensino médio de uma pequena cidade do interior de São Paulo, que conta com 98% de presença dos pais nas reuniões.

A direção afirma que vem há anos realizando um trabalho de aproximação da família com a escola, fazendo desse momento ocasião de diálogo, de acolhida e de compartilhamento de pontos de vista. Até mesmo o prefeito da cidade comparece a esse encontro devido à importância que a ele se atribui. E tal hora chega a ser considerada festiva, e é minuciosamente preparada pela equipe de educadores.

Esse exemplo revela que a reunião de pais pode ser um tempo propício para a construção da parceria entre escola e família. Os pais da referida escola são de nível socioeconômico baixo e seus filhos, jovens adolescentes; mesmo assim, marcam presença, pois afirmam que aprendem muito com os professores e têm espaço para apresentar opiniões, necessidades e dúvidas. Asseguram que se sentem valorizados pela escola como parceiros e que, para os filhos, a sua participação é igualmente importante.

O terceiro ponto, e último, é exatamente esse, de que a reunião de pais precisa ser realmente um momento especial! Que ela possibilite a cada família sentir-se primeiramente aceita em todas as suas condições, sem reservas, rótulos ou preconceitos, assumindo a riqueza que a diversidade viabiliza.

Que não tenha o objetivo inapropriado de querer modificar ninguém, mas que seja, sim, espaço real para a participação de todos.

Que as observações específicas sobre cada aluno sejam relatadas particularmente, num instante privado, e que se fale individualmente com todas as famílias (não somente com aquelas cujos filhos têm maiores dificuldades de aprendizagem ou comportamento), pois todas as crianças têm progressos e dificuldades a serem partilhados.

Que exista uma organização tal que cada membro da reunião possa se sentir à vontade para falar sobre seus pensamentos e sentimentos. Reunião de pais, como o próprio nome diz, necessita de espaço para os pais se expressarem;

todavia, não se sabe o porquê, na maior parte do tempo quem fala são somente os professores.

Que sejam momentos de trocas de opiniões, e não situações de tensão, competição por maiores influências sobre as práticas escolares e conflitos desnecessários que normalmente dizem respeito a pontos de vista egocêntricos.

Outra coisa importante é que esses encontros coletivos exigem brevidade. Sim! A reunião de pais deve ter o tempo suficiente para cumprir o seu papel formativo, pois todos têm seus respectivos afazeres. Reuniões longas e cansativas estão sempre fadadas ao insucesso e ao desprestígio.

Que, portanto, a reunião seja bem preparada. E este livro propõe exatamente esse instante de preparação das reuniões, em que o professor pode apresentar uma dinâmica, brincadeira ou jogo que faça a diferença no processo de construção da parceria entre escola e família.

A ideia não é apresentar propostas fechadas, ou receitas de como proceder para organizar uma reunião de pais, mas, ao contrário, oferecer aos educadores sugestões de algumas atividades com objetivos simples, porém, de grande valia para esse momento. A ideia principal é oferecer subsídios para os professores ampliarem com suas próprias experiências, ideias e necessidades, as propostas aqui desenvolvidas e, dessa forma, conduzirem uma reunião de pais com boas metas e bons resultados.

Que ao menos esse encontro deixe nos participantes a vontade de voltar para o próximo, e que o pai ou a mãe que cruzar com seu vizinho ou amigo possa dizer: "Que pena que você não foi à escola hoje, pois nós tivemos por lá uma conversa muito boa!".

6. O trabalho com dinâmicas

Seria utopia pensar em uma relação de parceria entre escola e família? Imagina-se que há mesmo um pouco de utopia, sim, pois a parceria ou a cooperação, que conduzem à troca de pontos de vista, à reciprocidade e às próprias relações harmônicas, é fruto de um esforço comum; portanto, trata-se um objetivo difícil de ser alcançado: "Encontrar um interesse real que possa levar cada um a compreender o outro, em particular a compreender o adversário" (PIAGET, 1934/1998: 133). É exatamente esse o contexto que fundamenta o trabalho que neste livro se chama construir a parceria na relação entre escola e família.

Mas por onde se pode começar um trabalho como esse? A segunda parte deste livro pretende indicar alguns caminhos. As propostas aqui apresentadas não têm a pretensão de se configurar como fórmulas prontas, descritivas e fechadas de como se realizar uma reunião de pais; ao contrário, pretendem ser pontos de partida para a construção de um processo de interação, constituído a partir da necessidade, da especificidade e dos objetivos de cada grupo.

As propostas são todas muito simples e têm como objetivo principal dar oportunidade de reflexão e tomada de consciência aos pais. Conforme as palavras de Szymanski (2007: 41): "A conscientização emerge como o ponto de partida para um trabalho de Educação para a Família. O primeiro momento de conscientização é o da dialética entre o vivido e o pensado na família e a ideologia nele embutida, transmitida, sem crítica, sem tradição".

Todas as atividades promoverão ocasiões concretas para os pais pensarem exatamente sobre como têm vivido enquanto família, como têm educado seus filhos e, mais que isso, ao trocarem experiências com outros pais, poderão repensar suas posturas, perceber problemas comuns e buscar soluções conjuntas.

O papel do educador nesse caso não é o de um terapeuta familiar. Embora seja o professor a aplicar as atividades que aqui se apresentam, não deverá esse mesmo educador, ao final de cada trabalho, passar a "lição de moral" aos participantes, reforçando a diferença de conhecimentos entre ele e os pais. Essa não é absolutamente a sua função e tampouco se acredita que o educador tenha formação suficiente para se propor a esse tipo de intervenção junto às famílias.

A sugestão é outra. Ao professor cabe o papel de oferecer aos pais oportunidades para discussão, reflexão e tomada de consciência. Nesse caso, os sujeitos da aprendizagem são os próprios familiares, e o professor será um promotor e facilitador desses momentos em que as famílias se reunirão para trocar experiências, dialogar, refletir, aprender e ensinar umas às outras através dos próprios pensamentos, vivências, dúvidas, incertezas e sentimentos.

Conforme as palavras de Rios (2008: 10): "Só aumentamos a cabeça quando nos abrimos para acolher o que outras cabeças pensam, vivem, criam. O olhar do outro alarga o meu. Daí a importância do diálogo entre a família e a escola, da convivência sadia, do trabalho realmente coletivo". Este livro empresta a frase da autora para elucidar o que se pensa a respeito das dinâmicas propostas para reunião de pais e professores. Nada além de uma parceria fundamentada na "ampliação da cabeça", com um objetivo muito simples, mas absolutamente legítimo: como adultos, ajudar as crianças e os adolescentes a se desenvolverem plenamente e, desse modo, tornarem-se novos adultos, aptos a apresentarem à nossa sociedade e ao nosso mundo novidades interessantes que permitam a edificação e a construção de um espaço comum mais justo, digno, solidário, no qual as pessoas vivam bem.

PARTE II

Relação escola e família: propostas práticas

Dinâmica 1
"Sobre a reunião de pais"

> Percebo que o investimento na parceria com a família tem mudado a feição de muitas escolas. Vale lembrar, de novo, que parceiro é aquele que joga comigo, mas que não é idêntico a mim.
>
> Terezinha Azeredo Rios

JUSTIFICATIVA

A reunião de pais constitui, sem dúvida, o principal ponto de interseção da relação entre escola e família. Infelizmente, salvo raras exceções, esse momento acaba por distanciar ainda mais as duas instituições.

Os pais não se sentem motivados a participar dessas reuniões, pois as experiências anteriores já lhes ensinaram que serão instantes em que os professores reclamarão do comportamento e das notas dos seus filhos ou vão expor oralmente inúmeros avisos; ou, ainda, eles serão convocados a tomar conhecimento da necessidade de uma colaboração financeira maior na escola, ou então um palestrante falará com uma linguagem muito difícil, por horas e horas, sobre temas que por vezes até lhes interessam, mas são demasiadamente complexos.

Assim, a ausência generalizada dos pais diz respeito, muitas vezes, a uma maneira de evitar novas situações em que se sentem envergonhados e, por que não dizer, até humilhados; horas em que veem reforçadas suas incapacidades, dificuldades, enfim, o seu desconhecimento sobre como lidar com fatos que os professores lhes transferem, como, por exemplo, problemas de aprendizagem, de indisciplina etc.

Há que se planejar um tipo de reunião de pais diferente daquelas que se costuma ministrar. Segundo Althuon, Essle e Stoeber (1996: 41): "A reunião precisa satisfazer às expectativas das seguintes necessidades dos participantes: de reconhecimento e liberdade de expressão, de compreensão e de contato". Os especialistas em educação são os professores e pedagogos, não os pais; portanto, cabe à escola a iniciativa de transformar a reunião de pais em ocasião propícia para a construção de uma parceria entre família e escola.

Segue, então, a sugestão de uma dinâmica e/ou proposta de atividade que pode amparar o educador na elaboração de uma reunião em que os pais tenham garantia de voz e vez de falar, de discutir, de sentir-se ouvidos, acolhidos e parceiros da escola.

DESCRIÇÃO DA PROPOSTA

- O professor pode escolher entre dois livros para trabalhar:[1]

1. *Eu queria ter um urso*, de Marcelo Bicalho;

2. *Um mundo melhor*, de Patrício Dugnani.

- Pede-se aos pais que formem pares, ou distribuem-se a eles, aleatoriamente, fichas numeradas para que formem pares

---

[1] Outros textos poderão ser escolhidos, aplicando-se as mesmas técnicas de discussão. Uma sugestão é o texto *Meu filho adorado*, de Aldina Machry, que já foi utilizado anteriormente em reuniões de pais com resultados sugestivos, porque tem o poder de legitimar com sutileza, bom humor e fidedignidade os conflitos que os pais vivenciam ao lidar com situações parecidas com aquelas descritas. Ele pode ser encontrado no Anexo 1.

de acordo com o número correspondente do companheiro. Deve-se reservar, inclusive, uma ficha para o professor. Caso haja número ímpar de participantes, forma-se um trio.

- Pede-se a cada participante que escreva na ficha a parte da história que mais gostou e, depois, procure o seu par.

- Cada um conta ao outro sobre suas anotações.

- A seguir, retoma-se a roda e cada participante vai se apresentar e contar a parte que o outro mais gostou, falando também sobre os comentários que ele fez.

OBJETIVOS

Propiciar à família oportunidade para:

- manifestar suas emoções e opiniões a respeito do texto lido;

- falar e fazer a escolha da parte do texto que mais gostou, isto é, cada um pode dizer o que quiser; não há certo nem errado, só a possibilidade de reconhecimento e liberdade de expressão;

- sentir-se parte do grupo, percebendo que sua participação e opinião são importantes e relevantes;

- elevar sua autoestima ao perceber que suas ideias são reconhecidas e compreendidas pelo grupo;

- expressar seus pensamentos e sentimentos, e não só ouvir, ouvir, ouvir;

- revelar algumas dificuldades que encontra para auxiliar os filhos em casa, principalmente naquilo que diz respeito aos conceitos trabalhados pela escola;

- oferecer e receber ajuda.

OBSERVAÇÕES

O texto sugerido pode ser trocado por qualquer outro que o professor julgar pertinente ou cujo assunto seja do interesse do grupo. Alguns cuidados devem ser tomados em relação aos textos: precisam ser curtos, divertidos, com uma linguagem simples.

O principal propósito dessa dinâmica é favorecer a interação entre os participantes. Pode ser utilizada como primeira proposta do ano, para que os pais percebam que um trabalho diferenciado será realizado e que a participação ativa deles será requisitada.

Dinâmica 2
"Hora da nossa opinião"

> Curioso o que ocorre nas situações que põem as pessoas em contato com seus problemas ou questões latentes que nunca são discutidas: com pouco que se faça, com pouco que se aluda a problemas e situações, o simples fato de dar oportunidade para a pessoa pensar sobre o problema já a leva a progressos em sua consciência.
>
> Vitor Henrique Paro

JUSTIFICATIVA

A pesquisa de Paro (2000) comprovou que os pais, quando tiveram a oportunidade de participar de um grupo de formação em que eram ouvidos e podiam opinar, enfim, quando sentiam-se envolvidos no processo de educação dos filhos, mostravam-se felizes, elogiavam o trabalho da direção e das professoras e começavam a se conscientizar sobre intervenções que poderiam realizar com as crianças.

Outra questão que o autor anota diz respeito ao fato de que os próprios pais participantes passaram a convidar os faltosos para tomar parte das reuniões seguintes.

Portanto, pensar em uma relação de parceria entre família e escola consiste em um ato de desafio entre as duas instituições, mas principalmente para esta última, pois cabe a ela propiciar acolhimento, transformação de antigas estratégias e oportunidades para a expressão dos pais. Ora, para isso, os professores e coordenadores precisam estar preparados.

O mesmo autor (PARO, 2000: 108) relata a descrição que um dos pais entrevistados por ele apresenta a respeito das reuniões que aconteciam na escola:

> As reuniões são bastante amistosas. Todos se respeitam. Os pais têm voz e voto. Os professores são respeitosos com relação a todos. É difícil até saber quando é pai e quando é professor que está falando. Sônia e José Luis são totalmente liberais e transparentes. Aceitam todas as opiniões e sugestões, sem preconceitos.

A ideia desta proposta é que os pais possam tomar parte de maneira efetiva do planejamento e da execução das reuniões. Entende-se que participação verdadeira consiste na possibilidade de escolhas e tomada de decisões da família também, garantindo o seu envolvimento, comprometimento e responsabilidade nas reuniões e no próprio processo da educação dos filhos.

DESCRIÇÃO DA PROPOSTA

- Providenciar uma caixa com seis envelopes numerados de um a seis, sendo que cada envelope contém uma proposta de reflexão:

    1. TEMAS: "Sobre o que poderíamos e/ou precisaríamos conversar nas próximas reuniões?"

    2. DÚVIDAS: "Sobre que situações da escola ou da nossa classe precisaríamos conversar?"

    3. PLANOS: "Como podemos fazer para convidar os pais que não vieram?"

4. IDEIAS: "Quais ideias podemos oferecer para melhorar ainda mais as nossas reuniões?"

5. PARTICIPAÇÃO I: "Como podemos contribuir com os estudos de nossos filhos em casa?"

6. PARTICIPAÇÃO II: "Como podemos contribuir com os estudos de nossos filhos na escola?"

- Os pais podem ser reunidos em seis grupos (um para cada proposta) ou todos juntos em assembleia.

- Cada grupo se responsabiliza por um envelope.

- Os pais combinam quem será o relator do grupo, no caso de grupos menores, ou as respostas podem ser anotadas no quadro negro, no caso da assembleia.

- Os pais podem juntar todas as sugestões e o educador será o mediador na conduta de votações de prioridades e questionamentos da viabilidade das sugestões, conforme as possibilidades da escola.

OBJETIVOS

Propiciar à família oportunidade para:

- sentir-se participante do processo de planejamento e execução das reuniões de pais;

- expressar suas opiniões, necessidades, interesses;

- desenvolver sua autoestima, ao constatar a importância de suas ideias e do seu voto para a construção do processo de educação das crianças;

- participar de maneira efetiva das reuniões de pais;

- estabelecer uma relação de cooperação entre família e escola;

- ouvir diferentes opiniões e criar novas estratégias para ajudar na educação das crianças em casa e na escola;

- conhecer melhor a dinâmica e a rotina da escola e da sala de aula;

- compreender a importância dos pais na vida escolar dos filhos;

- entender o valor da cooperação mútua entre família e escola para garantir o pleno desenvolvimento das crianças.

OBSERVAÇÕES

Esta dinâmica também é uma ótima proposta para a primeira reunião do ano, pois, de fato, possibilita aos pais o mapeamento de seus interesses e necessidades para as próximas reuniões.

Dinâmica 3
"Sobre o meu filho"

Se a escola assumir sua autoridade e confiar em sua competência, saberá como agir diante das dificuldades dos alunos. E, se houver vínculo de confiança entre a família e a escola, não haverá necessidade de bilhetinhos, pois os pais saberão, por antecipação, que, quando o filho enfrentar dificuldades na escola, esta conduzirá o processo com habilidade.

Rosely Sayão

JUSTIFICATIVA

Uma das maiores reclamações e justificativas dos pais para a não participação nas reuniões diz respeito às vivências anteriores, as quais não foram exatamente as mais interessantes.

Os pais revelam que frequentemente, quando seus filhos são bons alunos, chegam a ser dispensados desses momentos, pois, segundo os professores, não há problemas com a criança e, portanto, nada de especial a ser tratado na hora da reunião.

Infelizmente, para as "crianças com problemas", sejam dificuldades de aprendizagem ou inadequação de comportamento, a questão já muda bastante de figura. Seus pais são convocados e, muitas vezes, já têm certeza do que vão ouvir. Isto sem falar dos bilhetes enviados diariamente a tais famílias. Segundo Sayão, (2003: 223), tais bilhetes perturbam a relação com a escola, pois os pais não sabem exatamente como agir, sentindo-se impotentes. A escola, por sua vez, em lugar de encontrar o respaldo dos genitores, acaba afastando-os mais. Conforme as palavras da autora: "Se a escola assumir sua autoridade e confiar em sua competência, saberá como agir diante das dificuldades dos alunos. [...] E cabe aos pais confiar na escola que eles escolheram para o filho frequentar" (SAYÃO, 2003: 225).

Obviamente, os pais precisam saber o que acontece com seus filhos na escola. Mas essa experiência tem de ser menos conflituosa.

A proposta que segue é bastante simples e tem a função de transformar a visão da família a respeito das reuniões de pais, primeiramente, dando a possibilidade de eles mesmos falarem sobre seus filhos – seus progressos, suas conquistas e seu desenvolvimento; falarem sobre o que seu filho tem de melhor!

DESCRIÇÃO DA PROPOSTA

- A proposta pode ser realizada em pequenos grupos, ou mesmo reunindo os pais em assembleia.

- Deverá ser sugerido aos pais que falem sobre: "O que o seu filho tem de melhor!".

- A seguir, pode-se oferecer aos pais um espaço para desenharem ou escreverem para seus filhos uma "declaração de amor", ou um "recado carinhoso", ou ainda uma "mensagem afetuosa".

- Tais declarações podem ser levadas para casa e entregues aos filhos ou, se os pais preferirem, ser expostas em um mural na própria sala de aula, para as crianças encontrarem no próximo dia de aula.

OBJETIVOS

Propiciar à família oportunidade para:

- tomar consciência do quanto tem dialogado ou não com os filhos;

- repensar maneiras mais apropriadas de integração com os filhos;

- perceber a escola como um lugar para a troca de experiências e a construção de vivências de relações de cooperação;

- desenvolver sua autoestima, ao constatar a importância de suas ideias e a necessidade da sua participação para a composição do conhecimento do grupo;

- descobrir que pais e professores podem "falar a mesma língua" no que diz respeito à educação das crianças.

OBSERVAÇÕES

Alguns professores que já aplicaram esta dinâmica comentam a dificuldade que os pais encontram na hora de relatar coisas positivas a respeito de seus filhos. Eles também já se habituaram a contar aos docentes sobre as dificuldades, ineficiências e outros problemas das crianças e dos adolescentes. Alguns chegam a fazer esses comentários na frente dos próprios filhos.

Esta proposta também poderá ser realizada no início do ano, sugerindo que os pais apresentem seus filhos uns aos outros.

É interessante que os professores tomem cuidado com a segunda parte da dinâmica, ou seja, a elaboração do recado carinhoso ou desenho para os filhos, pois, infelizmente, nem sempre se conta com a presença total dos pais nas reuniões; e se o professor resolver montar um painel com os recados na sala de aula, não poderá faltar recado para nenhum aluno, especialmente se forem crianças pequenas. Em caso de faltas, é mais interessante realmente que os pais que participaram desse momento levem os presentinhos confeccionados para casa, onde poderão entregá-los pessoalmente aos filhos.

Dinâmica 4
"A minha escola e a escola dos meus filhos"

> Sou ainda um daqueles que, como um Kant e um Piaget, pensam que o objeto máximo da educação é o aperfeiçoamento da humanidade; vejo as mazelas adultas como complicadores, não como obstáculos intransponíveis.
>
> Yves de La Taille

JUSTIFICATIVA

Há um discurso coletivo, uma tese de senso comum, de que a família não ensina mais valores, de que não há mais preocupação com a formação moral. Outra hipótese é a de que os pais que matriculam seus filhos em colégios particulares fazem sacrifícios imensuráveis porque ainda se preocupam com a formação escolar deles, enquanto os que mantêm as crianças em escolas públicas deixam as coisas acontecer conforme o destino. Serão estas ideias representativas de uma realidade?

As pesquisas que se destinam a compreender a relação entre escola e família, embora sejam de número reduzido, comprovam que os pais se preocupam com a vida escolar dos filhos e, mais que isso, na maioria das vezes, expressam o desejo de participar mais, porém, não sabem como fazê-lo.

Os pais, ao refletirem sobre suas vivências escolares, sobre os sentimentos que permearam sua relação com os próprios pais e com a escola, tomam consciência das suas palavras e atitudes, bem como da atitude de seus pais e professores à época, e podem, então, melhorar quanto à colaboração com seus filhos e, consequentemente, com a escola.

DESCRIÇÃO DA PROPOSTA

- Providenciar uma caixa contendo várias questões a serem completadas pelos participantes:

    1. Quando eu era criança, meu pai/minha mãe me ajudava na escola, ele/ela...

    2. Quando eu era criança, meu pai/minha mãe não me ajudava na escola, ele/ela...

    3. A lembrança mais triste que eu tenho dos tempos de escola em relação aos meus pais...

    4. A lembrança mais alegre que eu tenho dos tempos de escola em relação aos meus pais...

    5. Quando a professora chamava para a reunião, meus pais iam/não iam..., porque...

    6. Quando eu chegava em casa com notas baixas, meus pais...

7. Quando eu chegava em casa com notas altas, meus pais...

8. Da minha época da escola eu tenho saudade de...

- Os pais se sentam em roda ou o trabalho pode ser realizado em pequenos grupos de cinco ou seis pessoas.

- Os pais retiram uma das frases da caixa e a completam, relatando uma experiência da sua infância.

- Ao final dos relatos, o educador pode sugerir ao grupo que procure definir os objetivos dessa dinâmica, salientando a compreensão da importância dos pais na vida escolar dos filhos.

OBJETIVOS

Propiciar à família oportunidade para:

- recordar experiências da sua vida escolar;

- compreender a importância dos pais na vida escolar dos filhos;

- manifestar suas emoções e opiniões diante da frase sorteada;

- reconhecer os tipos de intervenção dos pais que são pertinentes à vida escolar dos filhos;

- reconhecer os tipos de intervenção da escola que não são pertinentes à vida escolar dos filhos;

- construir um contato agradável com os demais pais e com a escola, baseado na legitimação dos sentimentos de cada um.

OBSERVAÇÕES

Quando os pais têm a oportunidade de lembrar de situações da própria infância, vivenciam nessas memórias os sentimentos que lhes acometeram à época. A ideia é que eles tomem consciência da importância da sua participação na vida escolar dos filhos.

O professor deve ficar atento e permitir aos participantes a possibilidade de não responderem a determinada questão, caso não o queiram fazer, orientando-os a escolher outra.

No final da dinâmica, o grupo pode realizar um levantamento daquilo que constataram a partir da experiência da dinâmica.

Dinâmica 5
"Jogo da Entrevista"

> Os nossos filhos nos oferecem a oportunidade de nos tornarmos os pais que sempre gostaríamos de ter tido.
>
> Um pai anônimo

JUSTIFICATIVA

Infelizmente não existe curso para ser pai ou mãe, assim como há curso para tirar carteira de motorista, curso para aprender a usar o computador, entre outros! Tampouco os filhos vêm com manual ou bula que apresente para os pais qual a melhor maneira de "manipulá-los", "o que fazer para que não se percam ou se desviem do bom caminho" e quais as "contraindicações" ou as "reações adversas". Portanto, eis uma tarefa bastante difícil!

A maioria dos pais faz todo o possível para não repetir os mesmos erros dos seus pais, o que muitas vezes também tem graves consequências, pois, na tentativa de não serem autoritários, tornam-se demasiadamente permissivos, por exemplo. A questão é que eles atualmente estão em busca de bons referencias que os auxiliem a educar bem seus filhos, porquanto se sentem inseguros e pouco preparados para essa desafiadora empreitada (CAETANO, 2008a: 179). Por isso, os livros de autoajuda sobre tal tema vendem tanto, já que os pais entendem que educar é uma atividade bastante complexa. Inclusive, talvez por essa razão, um número bastante significativo de pais vem, ao longo do tempo, consciente ou inconscientemente, buscando transferir tal função à escola.

Educar filhos é um compromisso sério, todavia, tendemos a exagerar em nossas atitudes. Ficamos de tal modo esmagados pelo peso da responsabilidade que não dispomos de tempo para apreciar a graça, o prazer e a alegria de conviver com nossos filhos (SAMALIN & WHITNEY, 1992: 219).

As autoras explicam que a maioria dos pais e das mães torna-se tão envolvida com a ideia de educar bem as crianças, de não falhar em nada, que a missão transforma-se em um processo cansativo, frustrante e de doloroso sacrifício. Conforme suas palavras, o primeiro passo para bem educar constitui uma descoberta: "[...] educar filhos tem um significado muito mais abrangente do que uma série interminável de incumbências desagradáveis e dilemas embaraçosos" (SAMALIN & WHITNEY, 1992: 237).

Portanto, a proposta seguinte condiz com o propósito de auxiliar na compreensão de que o processo de educar pode ser muito sutil e espontâneo, contando com um número mais frequente de momentos de satisfação do que de irritação. Para isso, é necessário ajudar os pais a fazerem uma pausa para, especialmente nesta proposta, refletir sobre o que conhecem a respeito das suas crianças. É fácil entender que quem não participa das atividades da escola pode, na verdade, não saber sequer qual a comida preferida do seu filho!

DESCRIÇÃO DA PROPOSTA

- Tal trabalho precisa ser iniciado com alguns dias de antecedência, pois envolve as crianças. Assim, dentro de um jogo, brincadeira ou pequena oficina, o professor pede aos pequenos que respondam ao questionário a seguir ou, no caso daqueles que ainda não sabem escrever, pode fazer por eles, como um entrevistador, por exemplo.

O QUESTIONÁRIO (para a criança)	O QUESTIONÁRIO (para os pais)
1. Quem é o seu melhor amigo?	1. Quem é o melhor amigo do seu filho?
2. Qual a sua comida preferida?	2. Qual a comida preferida do seu filho?
3. O que você mais gosta de fazer?	3. O que seu filho mais gosta de fazer?
4. Qual o seu maior desejo?	4. Qual o maior desejo do seu filho?

- O professor guarda, então, o material. No dia da reunião, propõe a mesma entrevista aos pais, ainda sem lhes contar que seus filhos também responderam à mesma entrevista. Quando concluírem o trabalho, entrega a eles a resposta da criança, para que possam comparar.

- Finalmente, o professor pede aos pais que eles próprios apontem os objetivos da dinâmica.

- Convém comentar que não é aconselhável contar às crianças que suas respostas serão comparadas com a dos pais, para não criar expectativas. Porém, depois da reunião, a professora pode relatar a elas sobre o trabalho realizado e sugerir que conversem com os pais, perguntando a eles o que acertaram, promovendo o diálogo.

OBJETIVOS

Propiciar à família oportunidade para:

- tomar consciência do quanto tem dialogado com os filhos;

- compreender a importância dos pais na vida dos filhos, como algo muito superior às orientações necessárias do dia a dia, mas se fazendo presente, convivendo com eles;

- manifestar suas emoções e opiniões diante da dinâmica;

- repensar maneiras apropriadas de integração com os filhos.

OBSERVAÇÕES

Esta dinâmica, dentre as demais, é a que, segundo os professores que já aplicaram todas as propostas,[1] tem maior e melhor repercussão entre os pais. A maioria dos docentes também se identifica muito com a dinâmica e, normalmente, inicia a reunião de pais com este trabalho diferenciado de jogo de entrevista.

Muitos relatos dos resultados revelam que a dinâmica atinge plenamente seus objetivos, pois os pais se envolvem verdadeiramente na atividade, que é simples e rápida, e demonstram grande ansiedade para comparar sua resposta com a de seus filhos.

Uma variação bem interessante pode ser aplicada com pais de adolescentes, perguntando-lhes as mesmas coisas, ou mesmo questões relacionadas ao período que vivenciam, tais como: qual profissão deseja seguir; quais são seus maiores medos; quem são seus ídolos; o que mais lhe aborrece com

---

[1] A autora deste livro realiza trabalhos de formação de professores e, portanto, estas propostas de dinâmicas já foram utilizadas por muitos deles.

relação aos seus pais, entre tantas outras questões próprias da adolescência.

Outra boa dica para usar com adolescentes é sugerir a troca de entrevista, ou seja, convidar os filhos a elaborarem um conjunto de perguntas que gostariam de fazer aos seus pais, e comparar as respostas de pais e filhos dadas às mesmas perguntas.

Dinâmica 6
"Jogo do Alimento"

> Parecia-nos que era dever dos pais mostrarem ao filho o caminho certo, explicar por que alguns de seus esquemas eram tolos e irreais. Hoje, compreendemos que o mundo exterior é rápido demais em cortar as asas, e que é um privilégio dos pais alimentar os sonhos de seus filhos.
>
> Adele Faber e Elaine Mazlish

JUSTIFICATIVA

Este jogo procura levar os participantes a realizarem uma analogia com a alimentação, refletindo sobre as atitudes dos adultos que "alimentam" a formação das crianças, e sobre aquelas que não são saudáveis a essa formação.

Todos os pais querem formar bons filhos. Porém, nem sempre estão conscientes de que essa formação atrela-se às intervenções que realizam. Tal constatação é comprovada por pesquisas psicológicas e também por aquelas sobre a contribuição dos pais na vida escolar dos filhos. Todas apontam para o fato de que a boa participação da família é condição favorável para a permanência, a longevidade e o sucesso escolar das crianças.

Logo, a fim de "alimentar" a educação dos filhos, os pais precisam refletir sobre as suas intervenções, de modo a buscar construir os objetivos do processo educativo.

Muitas vezes, a correria do dia a dia e as dificuldades intrínsecas ao ato de educar levam os pais a resolverem os pequenos problemas de maneira automática e sem a devida avaliação das consequências dessas intervenções na formação da criança.

DESCRIÇÃO DA PROPOSTA

- Inicialmente, os pais deverão responder individualmente ao seguinte questionário:

    1. Cite três atitudes dos pais que NÃO ajudam a criança a ser bom filho.

    2. Cite três atitudes dos pais que NÃO ajudam a criança a ser bom aluno.

- Os pais se reúnem em pequenos grupos de quatro a cinco pessoas.

- Cada grupo deve conversar sobre as atitudes que não "alimentam" a criança na sua formação e, juntos, escrever em fichas três atitudes dos pais que ajudam as crianças a serem bons filhos e três atitudes dos pais que ajudam as crianças a serem bons alunos.

- As fichas são colocadas no "cocho", como "alimentos de uma boa educação".

- Não há interferência do educador, a não ser que os próprios pais a requisitem.

OBJETIVOS

Propiciar à família oportunidade para:

- expressar suas opiniões, conceitos, pontos de vista;

- desenvolver sua autoestima, ao constatar a importância de suas ideias e a necessidade da sua participação para a construção do conhecimento do grupo;

- descobrir que pais e professores podem "falar a mesma língua" no que diz respeito à educação das crianças;

- pensar sobre as próprias atitudes para com seus filhos;

- perceber que algumas atitudes não são adequadas;

- descobrir outras formas de agir com as crianças;

- conscientizar-se sobre o valor de refletir a respeito da educação dos filhos, de modo a buscar coletivamente as melhores atitudes para privilegiar o seu desenvolvimento afetivo, moral, social e intelectual.

OBSERVAÇÕES

É importante recordar que, também para esta proposta, não deve haver interferência do educador, a não ser que os próprios pais a requisitem.

O professor pode propor aos pais a socialização das ideias com todo o grupo. O seu papel é o de orientar a execução das atividades no sentido da aceitação e discussão respeitosa de todas as opiniões, pois as críticas pejorativas não alimentam nenhuma formação.

DINÂMICA 7
"O pai que eu quero ser"

> Toda representação de si envolve a interpretação que a pessoa faz de si mesma, ante o conjunto de papéis que toma para si ou que acredita que os outros esperam dela.
>
> Roger Perron

JUSTIFICATIVA

Este jogo procura levar os participantes a refletirem sobre as representações que eles fazem de si mesmos, enquanto genitores, explicitando dessa forma o seu julgamento e pensamento sobre ser pai/ser mãe, além de expressarem o que concebem como postura ideal de educação para as crianças e qual o conjunto de valores constituintes da identidade de um bom educador.

Ajudar os pais a pensarem sobre a paternidade/maternidade perfeita pode ajudá-los a ter consciência de quais atitudes são tomadas por uma espécie de hábito, sem que estejam cientes, de fato, do resultado de suas intervenções para a educação das crianças. A grande maioria das intervenções dos pais com os filhos busca apenas resolver o problema que causa o conflito, sem possibilitar às crianças e/ou aos adolescentes oportunidades reais de reflexão sobre suas ações.

O processo educativo se dá pelas interferências do dia a dia. Quando a escola promove essa oportunidade aos pais de ponderarem as consequências das suas intervenções na vida das crianças, auxilia o processo educativo e a formação delas.

DESCRIÇÃO DA PROPOSTA

- Os pais devem sentar-se em grupos de quatro pessoas.

- Eles deverão responder individualmente às seguintes questões:

  1. O que é ser um(a) bom(boa) pai(mãe)?
  2. Quais atitudes não são de um(a) bom(boa) pai(mãe)?

- Depois, todos juntos, podem criar uma lista de atitudes positivas da paternidade/maternidade responsável.

OBJETIVOS

Propiciar à família oportunidade para:

- construir coletivamente o conceito ideal de bom(boa) pai(mãe);

- expressar suas opiniões, conceitos, pontos de vista;

- desenvolver sua autoestima, ao constatar a importância de suas ideias e a necessidade da sua participação para a construção do conhecimento do grupo;

- pensar sobre as consequências das próprias atitudes junto a seus filhos;

- conscientizar-se sobre o valor de refletir a respeito da educação das crianças, de modo a buscar coletivamente as melhores condutas para privilegiar o seu desenvolvimento afetivo, moral, social e intelectual.

OBSERVAÇÕES

Pensar a respeito do ideal de bom(boa) pai(mãe) é uma oportunidade bastante interessante para os adultos. Esse processo ajuda a construir referenciais para que se possa refletir sobre os principais objetivos ao se educar uma criança e o que significa ser o adulto dessa relação. Conforme comentado na primeira parte deste livro, deve-se pensar quais são, na convivência com a criança e o adolescente, as ações que concretamente os protegem do mundo, ou seja, qual o papel dos adultos na relação com seus filhos em formação, além de qual a ligação da família com a sociedade, no sentido de proteger os filhos que no futuro vão se tornar adultos.

Os próprios pais afirmam que muitas vezes sabem, teoricamente, quais são as melhores atitudes a serem tomadas com seus filhos, mas que nem sempre conseguem seguir essas orientações. A rotina diária é um dos fatores que conduzem a um processo educativo realizado sem consciência. Esta dinâmica tem como principal objetivo a reflexão do que é ideal e o que é real na relação entre pais e filhos.

Dinâmica 8
"Mancebo das dúvidas"

> [...] dar-se ao trabalho de explicar a razão de ser das ordens significa respeito ao outro [...]
>
> Yves de La Taille

JUSTIFICATIVA

Os pais terão na vivência deste jogo a possibilidade de expressar suas dúvidas, dificuldades sobre como educar, conviver com seus filhos, bem como suas interrogações sobre a escola. A proposta é que eles possam tomar consciência de seus problemas de convívio com as crianças, percebendo que, na maioria das vezes, as dúvidas e dificuldades são comuns e que, portanto, a troca de experiência entre iguais, isto é, entre as próprias famílias, poderá auxiliá-los a não se sentirem desamparados e/ou despreparados, mas aptos a buscar novos caminhos e boas soluções.

DESCRIÇÃO DA PROPOSTA

- Providenciar um minimancebo (pode ser confeccionado com sucata).

- Os pais devem se reunir em pequenos grupos (quatro ou cinco pessoas).

- Os pais escrevem suas perguntas, dúvidas ou comentários e penduram no mancebo.

- Eles decidem quem começa e cada um escolhe uma das questões para comentar ou para sugerir propostas.

- Importante que os pais conversem sobre as questões levantadas por eles mesmos, de maneira cordata, sem querer impor suas opiniões, tampouco deixando de expressá-las.

- O professor ou orientador pode sugerir que os familiares façam relatos de experiências parecidas e digam como agiram, quais os pontos positivos e negativos alcançados com tal atitude e os resultados obtidos com as crianças.

OBJETIVOS

Propiciar à família oportunidade para:

- manifestar suas emoções, opiniões, dificuldades diante da difícil tarefa de educar os filhos;

- tomar consciência dos próprios sentimentos e pensamentos;

- compreender a importância da interação entre os pais e a escola;

- perceber que a maioria das dificuldades é comum;

- refletir sobre a própria conduta, conhecer novas formas de agir, trocar experiências;
- buscar ajuda se julgar necessário.

OBSERVAÇÕES

O educador, ao propor este jogo, deve estar preparado para receber críticas. Esta proposta de dinâmica tem exatamente o objetivo de criar a possibilidade de os pais exporem as suas dificuldades ao educar, bem como os conflitos na relação com a escola. Logo, não é de estranhar que surjam contratempos como, por exemplo: "Como podemos resolver o problema da professora que grita com nossos filhos" ou, ainda, "Meu filho não se comporta e a professora manda bilhetes todos os dias, e eu e minha esposa não sabemos o que fazer com essa situação".

A dinâmica pede aos pais que, eles mesmos, busquem juntos as soluções para os obstáculos que forem apontados. O educador somente participará ativamente caso seja requisitado pelos pais, mas deve estar preparado para esse momento.

Dar a oportunidade de expor conflitos, de expressar-se livremente e discutir ideias pode trazer à tona alguns problemas, algumas dificuldades e mesmo alguns desencontros da relação entre escola e família. O propósito é que sempre se esteja disponível para críticas e trocas de ponto de vista.

Aconselha-se que, caso o professor não se sinta preparado para esse tipo de situação, possa transformar o "mancebo das dúvidas" em uma caixa de sugestões, à qual ele viabilize o acesso dos pais durante a reunião. Esse tipo de intervenção tem um caráter menos expositivo e também oferece espaço para as reclamações, sugestões, dúvidas e desabafos, garantindo depois a possibilidade ao professor de tratar individualmente questões pontuais.

Dinâmica 9
"Jogo do Monstro"

As crianças podem ter mil oportunidades. Quando elas tiverem esgotado todas as mil... deve-se lhes dar mais uma!

Haim Ginot

JUSTIFICATIVA

A leitura de uma história de literatura infantil, permite tecer a relação entre ela e a vida real.

A metáfora do monstro deve ser elaborada pelo grupo no sentido de refletir sobre quais problemas as crianças podem estar vivenciando, sem que os pais estejam cientes.

A temática da atenção que as crianças necessitam também é retomada pelo jogo. A maioria dos educadores observa a não participação dos pais na vida escolar dos filhos. Provavelmente a atual condição financeira da família, a dupla jornada de trabalho das mães, a influência da televisão, entre outras condições socioeconômicas, impedem a perseverança e a presença do diálogo entre pais e filhos, segundo os resultados de pesquisas apontadas na primeira parte deste livro.

A proposta deste jogo é exatamente auxiliar na sensibilização dos pais e educadores para a necessidade do acompanhamento do desenvolvimento e crescimento da criança em todos os aspectos, não somente no escolar, a fim de que se possa tentar evitar a convivência com alguns "monstros" que tanto atormentam as famílias.

DESCRIÇÃO DA PROPOSTA

- Leitura do livro *Agora não, Bernardo*, de David Mckee, editora Martins Fontes.[1]

- Os participantes, reunidos em um pequeno grupo, devem eleger um leitor da história.

- Depois da leitura, pedir ao grupo que se divida em quatro ou oito subgrupos, sendo que a cada um caberá uma das seguintes tarefas:

1. Escrever listas de situações que possam ser chamadas de "monstros" (como, por exemplo, o contato com drogas), e que possam atingir as crianças e os adolescentes.

---

[1] O livro conta a história de Bernardo, um menino que não tem a atenção do pai nem da mãe, pois ambos estão sempre muito ocupados e indisponíveis para ele. Um dia Bernardo avisa os pais que há um monstro no jardim, mas, ainda assim, o ignoram. Ele, então, é engolido pelo monstro, que entra na sua casa e é tratado pelos pais como se fosse o próprio Bernardo. Esses pais, de tão ocupados, não perceberam o que havia acontecido.

2. Contar casos de famílias que, quando perceberam, tinham os filhos envolvidos em fatos parecidos com o de "Bernardo", o personagem da história.

3. Elencar justificativas para a atitude da mãe de Bernardo, que não notou que ele fora engolido pelo monstro.

4. Fazer a lista dos momentos que as crianças mais precisam da atenção de seus pais.

- Cada subgrupo apresenta as suas discussões e o grupo todo reunido precisa elaborar, junto, uma nova versão para a história (novo final).

OBJETIVOS

Propiciar à família oportunidade para:

- tomar consciência dos próprios sentimentos;

- manifestar suas emoções;

- refletir sobre as dificuldades que as crianças e os adolescentes podem enfrentar ao longo do seu desenvolvimento;

- pensar sobre o papel dos pais enquanto conselheiros, parceiros, cúmplices e mediadores do desenvolvimento de seus filhos;

- compreender a importância da interação afetiva com a criança, num relacionamento de acolhimento, compreensão, atenção e proximidade.

OBSERVAÇÕES

Para este jogo, torna-se muito importante que o professor ou o aplicador da dinâmica, junto com os pais ou adultos participantes, legitime os seus sentimentos, especialmente a partir da discussão do tema três proposto pelo jogo, quando, ao descrever justificativas para a desatenção dos pais de Bernardo, se pode realizar um processo de compreensão e não de culpabilização. Os pais do menino poderiam estar passando por uma situação crítica, como, por exemplo, um caso de doença grave na família, desemprego, briga entre o casal, enfim, tantas questões que acabam consumindo toda a energia e atenção dos adultos.

O principal objetivo desta dinâmica, e de todas as demais que se apresentam neste livro, é o processo prazeroso de tomada de consciência, através de reflexão, de troca de pontos de vista e de possibilidades de pensar sobre questões que são resolvidas pelos pais no dia a dia, segundo o senso comum e sem reais momentos para se definir objetivos e metas de educar.

Dinâmica 10
"Uma história para contar"

Regra supõe respeito, e este implica autoridade, disciplina, referência, entrega e, sobretudo, trabalho e construção.

Lino de Macedo

JUSTIFICATIVA

A partir da leitura de um texto bem humorado, a proposta é que se ofereça aos participantes a oportunidade de discussão do principal tema abordado pelo livro: a questão da obediência aos pais.

A educação das crianças frequentemente obriga os pais a vivenciarem o dilema do amor e da raiva. O mais difícil dessa relação é que, muitas vezes, os adultos "entram no jogo" das crianças e acabam tomando atitudes das quais se arrependem depois. Além disso, quando se tem o objetivo da educação em mente, atitudes como castigos e agressões físicas não são suficientes, pois apenas resolvem a situação no plano imediato, não possibilitando à criança a oportunidade de pensar sobre o problema vivido, tampouco de buscar uma solução.

Talvez seja por isso que, depois de se cumprir um castigo, as crianças se sintam livres para realizar novas travessuras. Nas palavras de Piaget (1932/1994: 175): "Quantas crianças vemos, de fato, suportar estoicamente o castigo, porque estão decididas de antemão a suportar para não ceder à vontade superior!'".

Os pais pouco sabem a respeito dessas questões. Por isso brigam por qualquer motivo e desconhecem a necessidade de se definirem princípios com as crianças, princípios esses que são inegociáveis. Segundo Macedo (1996: 192):

> Regras de boa saúde, bom estudo, boa convivência social são obrigatórias na medida em que valorizam o ideal de uma função. Mas, se as interpretamos como simples e puros combinados, entramos em um certo "democratismo" que confunde tanto as crianças quanto os adultos.

A maior dificuldade dos pais está em delimitar os objetivos que conduzem o processo de educação dos seus filhos. Definido os objetivos, têm-se os princípios norteadores de suas condutas, que no senso comum diz respeito ao conjunto de regras e limites que os pais precisam ensinar aos filhos, para que eles possam viver bem consigo mesmos e com os outros.

DESCRIÇÃO DA PROPOSTA

- Leitura do livro *Quando mamãe virou um monstro*, de Joanna Harrison, editora Brinque-Book.[1]

- Os participantes escolherão alguém para ler a história em voz alta para o restante do grupo.

- A seguir organizarão uma lista de desobediências comuns das crianças.

- Deverão fazer a lista das regras inegociáveis, ou seja, quais limites precisam ficar definidos pelos pais, e que são inegociáveis, como, por exemplo: escovar os dentes, tomar banho, não bater nas pessoas, horário de dormir.

- A seguir farão a lista dos combinados que as crianças podem argumentar, discutir e diante dos quais os pais podem ser mais flexíveis.

- Finalmente, discutirão boas intervenções a serem tomadas quando as crianças desobedecem.

OBJETIVOS

Propiciar à família oportunidade para:

- pensar sobre o seu papel na construção do desenvolvimento moral da criança;

- manifestar suas opiniões;

---

[1] *Quando mamãe virou um monstro* é uma história bem humorada de uma mãe que, como qualquer outra, tem inúmeras atividades domésticas a realizar e dois filhos pequenos em casa. A história é contada por um dos meninos, e o fato de apresentar essa leitura infantil das situações torna o texto ainda mais divertido. Pequenas regras são quebradas pelas crianças ao longo da narrativa e isso leva a mãe a enlouquecer de tal forma que se transforma em um monstro com longa cauda verde.

- refletir sobre a existência de regras negociáveis e regras flexíveis;

- compreender a necessidade de que as regras e os limites sejam respeitados por pais e filhos;

- discutir as melhores maneiras de intervir na vida das crianças no sentido de auxiliá-las na construção da autonomia moral e intelectual;

- compreender a importância da interação afetiva com a criança, num relacionamento de acolhimento, compreensão, atenção e proximidade.

OBSERVAÇÕES

Esta dinâmica está focada em um trabalho extremamente importante, que é a formação familiar em relação ao desenvolvimento moral da criança. Poucos são os pais ou responsáveis que conhecem as fases do desenvolvimento moral infantil, ou seja, que sabem a respeito das necessidades das crianças para que elas possam se tornar adultos autônomos. Ao mesmo tempo, é muito comum que as pessoas, entre elas os próprios professores, afirmem que os pais não trabalham mais as regras e os limites necessários com os filhos. Portanto, a possibilidade de pensar a respeito da construção das regras da família – determinando as que são inegociáveis e aquelas a respeito das quais as crianças podem argumentar, bem como o que fazer quando elas descumprem o combinado – é a proposta desta atividade.

Dinâmica 11
"Jogo dos Conflitos"

> Ser pai ou ser mãe é a tarefa mais difícil que os seres humanos têm a desempenhar. Pois pessoas, diferentemente dos animais, não sabem como ser pais. Muitos de nós lutam do princípio ao fim.
>
> Karl Meninger

JUSTIFICATIVA

A proposta deste jogo é a orientação para a cooperação entre os pais e a escola. Todas as famílias enfrentam conflitos com suas crianças, e o mesmo acontece na escola. Buscar alternativas para a boa resolução deles é imprescindível à formação infantil. As maneiras como os pais e educadores intervirão em tais situações têm grande relevância e importância na construção da personalidade dos pequenos.

Os conflitos descritos nas cartas do jogo são frutos de uma pesquisa[1] realizada com 40 pais, sendo eles de diferentes cidades do estado de São Paulo, com curso superior (ou cursando) e com filhos de 0 a 22 anos de idade. A pesquisa pedia aos pais: "Enumere três motivos (situações) que levem você a brigar, discutir, desentender-se ou punir seu filho (conflitos entre você e seu[sua] filho[a])".

---

[1] Pesquisa não publicada, realizada pela autora.

DESCRIÇÃO DA PROPOSTA

- Providenciar um jogo de cartas[2] contendo cada uma a descrição de uma situação de conflito, como, por exemplo, "são 22 horas, e há duas horas tento convencer meu filho a desligar o videogame e fazer a lição da escola. Amanhã, todos em casa levantamos às 6h30. Neste momento, Fab (7 anos) chora e esperneia dizendo-me que não sabe fazer a lição, que está cansado, que nem sua professora nem eu e seu pai gostamos dele. O que eu faço?".

- Dividir o grupo de pais em subgrupos.

- Providenciar uma caixa com dois espaços para acomodar os conflitos resolvidos e os não resolvidos (pode ser construída com sucata).

- Cada pai ou mãe "pesca" duas cartas.

- Determina-se uma maneira democrática para escolher quem inicia o jogo e a sequência dos jogadores.

---

[2] As cartas que compõem o jogo podem ser encontradas no Anexo 2.

- Quem começa seleciona um dos conflitos que pescou para apresentar uma resolução, e devolve o outro para o espaço onde devem estar todas as cartas (conflitos não resolvidos).

- Oferece, então, uma solução para o conflito. Voltando ao exemplo anterior, o pai poderia dizer que deixaria o Fab sem televisão por uma semana.

- Os demais jogadores têm que concordar ou não com a solução apontada pelo primeiro jogador, argumentando tanto no sentido de discordar quanto no de concordar (essa regra é imprescindível: o jogador tem a liberdade garantida de concordar ou não, mas precisa dizer o porquê, ou melhor, justificar sua opinião). Por exemplo, um pai poderia dizer que concorda, pois assim o Fab aprenderia que, sem realizar as obrigações, não há diversões; outro pai poderia dizer que discorda, pois, no castigo, a criança paga o preço pela travessura e sente-se livre para praticá-la novamente, depois que a punição termina, sem ter tido a oportunidade de refletir sobre a necessidade e a importância de dedicar-se aos estudos.

- Caso o número de jogadores que concorde seja maior do que o contrário, a carta vai para o monte dos conflitos resolvidos, senão deve ser devolvida ao monte dos conflitos a serem resolvidos (ficando sob todas as demais), e o próximo jogador dá sequência ao jogo.

- O vencedor do jogo: as crianças, que contam com pais e educadores que se dispõem a refletir sobre as melhores formas de conduzir a resolução dos conflitos interindividuais.

OBJETIVOS

Propiciar à família oportunidade para:

- manifestar suas emoções, opiniões, dificuldades e postura diante da resolução dos conflitos com as crianças;

- reconhecer que todos têm dificuldades para resolver bem tais conflitos;

- tomar consciência dessas dificuldades e refletir sobre maneiras diferentes de agir diante de situações parecidas;

- expor os próprios pontos de vista e conhecer outros diversos sobre um mesmo fato;

- ter autonomia para concordar ou discordar;

- discutir sobre assuntos comuns às outras famílias, refletindo e construindo argumentação coerente;

- incentivar o diálogo entre pais, entre pais e filhos, e entre pais e escola;

- eleger melhores formas de atuação diante dos conflitos.

OBSERVAÇÕES

Esta dinâmica pode ser realizada de diferentes formas. Uma delas é dividir o grupo de pais em subgrupos e sortear um conflito para cada um deles resolver, em vez de oferecer a apenas um grupo todos os conflitos, de acordo com a proposta inicial.

Uma outra forma ainda é escolher um conflito que seja parecido, por exemplo, com alguma situação que a professora esteja vivenciando naquele momento, como o hábito de algumas crianças levarem objetos da escola para casa, e sugerir a todos os grupos a mesma situação de conflito e, depois de um tempo, comparar as resoluções dos diferentes grupos.

Também se pode pensar na possibilidade de os próprios pais, conversando entre si, decidirem quais são os conflitos mais comuns que vivenciam com seus filhos e, assim, permitir-lhes a dinâmica da busca de soluções para as situações que eles mesmos apontarem como problemáticas.

Convém ressaltar como é imprescindível a boa orientação do professor para esta dinâmica. Ele deve deixar claro aos participantes a necessidade de que argumentem de forma lógica e coerente, quanto aos seus posicionamentos, diante das resoluções para o conflito propostas pelos outros pais.

A dinâmica tem como maior objetivo mostrar a importância de considerar os pontos de vista dos outros e trocar ideias a respeito.

Dinâmica 12
"Jogo dos Conflitos na Adolescência"

> A imaturidade é uma parte preciosa da adolescência. Ela contém as características mais fascinantes do pensamento criativo, sentimentos novos e desconhecidos, ideias para um modo de vida diferente. A sociedade precisa ser chacoalhada pelas aspirações de seus membros não responsáveis.
>
> Donald W. Winnicott

JUSTIFICATIVA

A adolescência é uma fase do desenvolvimento humano temida por pais e professores. Mas especialmente os genitores costumam vivenciar essa transição dos filhos da infância para o mundo adulto com grande angústia e incerteza.

Pensa-se que boa parte desses sentimentos seja legítima pelo fato de que os pais sabem bem que seus filhos jamais voltarão a ser crianças e que essa passagem para o mundo adulto é definitiva. A adolescência representa esse momento, quando os filhos começam a crescer e a se julgar donos de si mesmos; quando desejam muito mais estar com os colegas e amigos da mesma faixa etária do que com os "coroas"; quando discordam de todas as opiniões e orientações dadas pelos adultos; quando se expõem com facilidade e pouca maturidade a comportamentos de risco, como sexo não seguro, drogas, vulnerabilidade social, entre outros comportamentos tão típicos da impulsividade adolescente. Conforme as palavras de Sayão:

> Fico impressionada com a quantidade de correspondências que recebo de pais de adolescentes. Cada um tem uma questão diferente a discutir, uma dúvida específica sobre como agir em determinada situação, uma ideia diversa a respeito da educação que deve praticar com os filhos. Mas todos têm, em comum, uma ideia muito interessante: a de que ter filhos adolescentes é um grande problema. Será que é mesmo? (2003: 111).

A proposta desta dinâmica é exatamente pensar sobre os conflitos típicos dessa faixa etária e que transformam a adolescência em um grande problema para pais e professores. Refletir sobre essas questões é uma forma de tomar contato com situações que todos os pais vivenciam nessa fase e, dessa forma, buscar boas soluções a partir de tais constatações.

DESCRIÇÃO DA PROPOSTA

- Dividir o grupo de pais em subgrupos.

- Os pais são convidados a contar quais as situações que consideram mais difíceis de lidar no tocante à convivência e à educação dos filhos adolescentes, como, por exemplo: desrespeito aos horários estabelecidos para retorno das festas, dificuldades no cumprimento das tarefas escolares, a questão dos namoros, entre outras.

- Cada pai ou mãe vota no conflito que pensa ser o mais urgente ou importante para dialogar com os outros pais.

- Escolhido o conflito, elegem também, de maneira democrática, quem inicia o jogo e a sequência dos jogadores.

- O primeiro participante apresenta uma solução para o conflito ou, ao menos, emite a sua opinião a respeito.

- Os demais jogadores devem concordar ou não com a solução apontada pelo primeiro jogador, argumentando tanto no caso de discordar quanto no de concordar (essa regra é imprescindível: o jogador tem a liberdade garantida de concordar ou não, mas precisa dizer o porquê, ou melhor, justificar sua opinião).

- A discussão prossegue até que os jogadores cheguem a um ponto de vista comum, acordado entre todos os participantes.

OBJETIVOS

Propiciar à família oportunidade para:

- manifestar suas emoções, opiniões, dificuldades e postura diante da resolução dos conflitos com os adolescentes;

- tomar consciência dessas dificuldades e refletir sobre maneiras diferentes de agir diante de situações parecidas;

- expor os próprios pontos de vista e conhecer outros diversos sobre uma mesma situação;

- ter autonomia para concordar ou discordar;

- discutir sobre assuntos comuns às outras famílias, refletindo e construindo argumentação coerente;

- incentivar o diálogo entre pais, entre pais e adolescentes, e entre pais e escola;

- eleger melhores formas de atuação diante dos conflitos.

OBSERVAÇÕES

O professor pode sugerir aos pais que essa maneira de expor o problema, sentando-se e ouvindo o outro, é uma excelente forma de intervenção também com o próprio filho adolescente. Tal fórmula – de ouvir a posição e argumentação do outro, apresentar a própria posição e argumentação diante do conflito e buscar uma solução que seja de comum acordo para ambos – é um modo pertinente de conduzir a resolução de conflitos com o jovem.

Dinâmica 13
"Caixa dos Sentimentos"

> Mas sinceramente penso que é preciso mudar tudo.
> Em primeiro lugar, temos que nos mudar por dentro.
>
> Daniel Sampaio

JUSTIFICATIVA

Pensar sobre os próprios sentimentos auxilia os participantes a nomeá-los, conhecê-los e reconhecê-los neles mesmos. A experiência do autoconhecimento faz-se necessária para a construção do autocontrole. Além de que, esse tipo de proposta diz respeito a aprendizagem emocional.

As escolas, em sua maioria, se preocupam pouco com o conteúdo dos sentimentos e das emoções; tampouco as famílias, muito menos preparadas para construir com as crianças a aprendizagem da resolução de conflitos. Segundo Sastre e Moreno (2002), propostas de reflexão sobre os sentimentos podem auxiliar as pessoas na construção de uma maior evolução nas relações interpessoais.

DESCRIÇÃO DA PROPOSTA

- Providenciar uma caixa contendo potinhos onde se colocam tiras de papel com nomes de alguns sentimentos.

- Os participantes escolhem um potinho contendo um sentimento e decidem como jogar:

1. Contam uma situação em que vivenciaram tal sentimento.
2. Falam sobre um sentimento vivido na época em quem eram crianças.
3. Revelam quando acreditam que seus filhos demonstram aquela emoção.

OBJETIVOS

Propiciar à família oportunidade para:

- tomar consciência dos próprios sentimentos;
- manifestar suas emoções;
- refletir sobre os pontos negativos e positivos da própria infância, comparando-a com a que estão preparando para os filhos;
- compreender a importância da interação afetiva com a criança, num relacionamento de acolhimento, compreensão, atenção e proximidade.

OBSERVAÇÕES

A proposta descrita precisa ser realizada com bastante atenção pelo professor, pois o tema sugerido está relacionado diretamente às questões afetivas dos participantes. Assim, deve-se ter o cuidado de não invadir o espaço da intimidade deles. Dessa forma, talvez a melhor maneira de aplicar tal dinâmica seja realmente que cada participante, ao sortear um sentimento, fale a respeito de quando imagina que seu filho sinta aquela emoção, para que não corra o risco de expor os próprios sentimentos e, com isso, se sentir angustiado e sem apoio psicológico para lidar com esse mundo emocional. Segundo La Taille (2009: 279): "A fronteira que protege a intimidade é absolutamente necessária para o equilíbrio emocional de qualquer pessoa".

Dinâmica 14
"A família"

> Ser pai é uma grande aventura, um grande desafio...
> Me sinto como um jardineiro, tendo que cuidar e preservar, dia a dia, o relacionamento com minha filha!
> Depoimento de um pai

JUSTIFICATIVA

A experiência de autorrelato pode oferecer aos participantes a oportunidade de manifestação de sentimentos e emoções, representando e tornando presentes vivências reais ou hipotéticas, o que possibilita a ressignificação do que vivem, experimentam e sentem em suas relações com o mundo.

Segundo Kupfer (2003: 51), "os pais não são culpados pelos problemas dos seus filhos, e sim responsáveis por esses problemas". Quando vivenciam momentos como esse, eles têm a possibilidade real de pensar a respeito de como realizam a tarefa de ser pai/mãe, a partir da experimentação de diferentes pontos de vista, o que lhes permitirá expressar os próprios sentimentos, reconhecendo-os, bem como os do outro.

DESCRIÇÃO DA PROPOSTA

- Providenciar bonecos do pano representando os participantes da família (podem ser substituídos por fotos de pessoas, por recortes de revista, ou mesmo por construções diversas com sucata).

- Fornecer fichas ou folhas de papel onde se poderão realizar os registros.

- Os participantes decidem em grupo ou sorteiam qual o personagem que vão querer representar (a caixa deve ter personagens como: mãe, pai, filhos, avós, tios, tias, sobrinhos, afilhados e outros que eles possam apontar).

- Assim, cada participante deverá falar sobre o personagem que escolheu.

- No caso de participantes alfabetizados, podem optar por escrever.

- A narração deve ser verdadeira ou hipotética e dizer respeito à vida do personagem: nome, idade, quem são seus parentes, o que pensa, o que sente, quais são seus sonhos, suas ideias, o que acha da escola, uma saudade etc.

- Os participantes são deixados à vontade para socializarem seus trabalhos ou manterem-nos em sigilo.

OBJETIVOS

Propiciar à família oportunidade para:
- tomar consciência dos próprios sentimentos;
- manifestar suas emoções;

- refletir sobre os pontos negativos e positivos da própria infância, comparando-a com a que vivem os filhos;

- observar a organização sistêmica da relação familiar, observando o quanto os comportamentos de cada sujeito influenciam e têm dependência em relação aos dos outros;

- compreender a importância da interação afetiva com a criança, num relacionamento de acolhimento, compreensão, atenção e proximidade.

OBSERVAÇÕES

Esta dinâmica deve ser orientada pelo professor ou responsável com bastante clareza. Cada participante assumirá um personagem, por exemplo: representará o filho de 5 anos de uma determinada família. Então, deverá redigir ou falar sobre o que acha que essa criança de 5 anos pensa, o que espera dos seus pais, quais são seus sonhos etc. A ideia é simples: colocar-se no lugar do outro. Trata-se de um exercício complexo para a maioria das pessoas e mais difícil ainda para os adultos, que costumam possuir crenças equivocadas sobre as crianças: não têm sentimentos, logo esquecem todas as coisas, não guardam rancor, pensam como os adultos, entre outros erros.

Dinâmica 15
"Jogo do Adolescente"

Chegamos assim, queridos pais, a um impasse. Não queremos ser pais como os nossos pais foram e ainda não descobrimos que espécie de pais queremos ser. Temos, então, de inventar novos pais. Teremos de buscar na nossa infância alguns episódios que nos marcaram, poderemos recordar a nostalgia dos amores perdidos ou simplesmente renascer.

Daniel Sampaio

JUSTIFICATIVA

A dinâmica se chama "Jogo do Adolescente", porque tem como foco o trabalho com pais e mães de adolescentes. Normalmente as reuniões de pais nesse período se limitam a uma espécie de satisfação sobre o desempenho escolar dos filhos. A dificuldade de reunir os pais desses jovens se amplia,[1] pois infelizmente há uma tendência de eles os abandonarem às próprias escolhas, como se já estivessem prontos para o mundo. Outra tendência atual é tentar ser amigo do filho. Sobre esse assunto, comenta Sayão (2003: 115):

---

[1] A autora deste livro realiza atualmente uma pesquisa de doutorado com pais e mães de adolescentes de 12 a 20 anos. As investigações são realizadas no momento da reunião de pais. Entre outras questões, têm-se observado o número reduzido de genitores que participam desses momentos e a dificuldade de encontrar reuniões coletivas, nas quais o grupo de pais do ensino médio tomem parte, pois a grande maioria delas é individual e tem como objetivo apenas dar ciência aos responsáveis dos resultados obtidos nos boletins dos alunos.

Quando tem filhos, o adulto precisa comprometer-se não só com a educação deles, mas também com o relacionamento com eles e com a realidade que eles impõem. [...] Eles exigem – e muito – dos pais. E já que os fizemos, temos de enfrentar a parada. [...] Mesmo com todo o trabalho que possam dar, é preciso assumir o papel de pais.

A proposta diz respeito a um espaço para que os pais reflitam e recordem as próprias vivências quando adolescentes, buscando através dessas memórias o reconhecimento das principais características dessa faixa etária.

DESCRIÇÃO DA PROPOSTA

- Os pais devem se reunir em pequenos grupos.

- Os participantes deverão, em grupo, buscar memórias da sua adolescência e, se desejarem, socializá-las com os outros grupos.

- Mesmo que nenhum participante queira socializar sua memória, cada pessoa deverá, a partir dessa memória, anunciar para o grupo uma característica ou traço psicológico que ilustrava aquele momento, e que é, portanto, uma marca desse período. Um exemplo: um participante lembra-se de um namorico com uma vizinha, que durou anos e ocorreu às escondidas dos pais.

- A partir dessa memória, pode-se enumerar várias características típicas da fase da adolescência: o crescente interesse pelo sexo oposto, os primeiros relacionamentos, a iniciação sexual, a dificuldade de diálogo com os pais, a necessidade de esconder as próprias experiências, a exposição a situações de risco (gravidez precoce, doenças sexualmente transmissíveis, uso de drogas, violência e assaltos em consequência de se estar em lugares não apropriados, sozinho ou com outro adolescente etc.).

- O grupo, a seguir, aponta boas intervenções que os pais podem realizar diante de cada situação ou daquelas que mais lhes preocupam, pensando mesmo em novas formas de participação nessa fase tão importante do desenvolvimento humano.

OBJETIVOS

Propiciar à família oportunidade para:

- tomar consciência dos próprios sentimentos;

- manifestar suas emoções;

- refletir sobre as principais características da fase do desenvolvimento humano denominada adolescência;

- observar que os problemas enfrentados pela maioria dos pais que têm filhos adolescentes são bastante semelhantes e, desse modo, sentir-se mais bem preparada para cumprir o seu papel;

- compreender a importância da manutenção da proximidade, da atenção, do cuidado e da participação na vida do adolescente, para não correr o risco de ser negligente enquanto adultos da relação.

OBSERVAÇÕES

Esta dinâmica também necessita ser dirigida pelo professor ou responsável com bastante clareza. Cada participante precisa ser ouvido e, novamente, o limite da intimidade de cada um deve estar garantido. Para isso, os participantes têm de ser orientados sempre a buscar características que, segundo eles, descrevam a adolescência, em vez de utilizarem esse espaço para desabafo pessoal ou, talvez, resultando num momento de possível desequilíbrio emocional.

Dinâmica 16
"Jogo da Educação"

Eu era um pai perfeito, até que o meu filho nasceu...
Depoimento de um pai

JUSTIFICATIVA

A proposta deste jogo é realmente orientar os pais para que reflitam sobre a educação que proporcionam aos seus filhos. Hoje em dia, todas as famílias enfrentam dificuldades quando pensam sobre seus reais objetivos ao educar, além de pensar em como transformar esses objetivos em boas intervenções. Daí a dinâmica focalizar algo muito simples, mas de grande valia nesse processo: o apelo à reflexão.

Apresentar à família frases e temas para reflexão pode auxiliá-la, no mínimo, no abandono do empirismo com relação aos filhos e, também, na tomada de consciência da importância do seu papel. Conforme se pôde constatar nos primeiros capítulos deste livro, atualmente há uma tendência de os pais projetarem sua realização pessoal nos filhos; logo, acaba-se deixando de lado a formação do caráter deles.

DESCRIÇÃO DA PROPOSTA

- Os pais são convidados a se reunir em pequenos grupos.

- Cada grupo poderá sortear ou escolher uma frase para reflexão.[1]

- As frases são epígrafes de autores que se debruçam sobre o processo de educação de crianças e adolescentes.

- Outra possibilidade é que cada grupo traga previamente frases que possam discutir com outros pais.

- Ao final da dinâmica, os grupos devem elaborar uma frase com suas reflexões.

OBJETIVOS

Propiciar à família oportunidade para:

- manifestar suas emoções, opiniões, dificuldades e postura diante da educação dos filhos;

- reconhecer que todos têm dificuldades no processo de educar;

---

[1] Ver algumas sugestões de frases no Anexo 3.

- refletir sobre as mensagens contidas nas frases propostas;
- expor os próprios pontos de vista e conhecer outros diferentes sobre o contexto das frases;
- ter autonomia para concordar ou discordar;
- discutir sobre assuntos comuns às outras famílias, refletindo e construindo argumentação coerente;
- incentivar o diálogo entre pais, entre pais e filhos, e entre pais e escola.

OBSERVAÇÕES

Conversar a respeito da educação dos filhos é algo essencial aos pais. Portanto, esta dinâmica tem o objetivo simples de criar esse espaço. Não cabe ao professor dar instruções ou orientações a respeito das frases. O trabalho de reflexão deve ser dos familiares.

É preciso tomar cuidado para não usar a dinâmica como subterfúgio para acusações, apontamento de falhas ou outras questões voltadas à lição de moral.

Dinâmica 17
"Jogo da Linguagem"

Os pais precisam aprender a falar com os filhos como falam com as visitas.

Haim Ginot

JUSTIFICATIVA

O pensamento das autoras Faber e Mazlish (1985: 220) é bastante intrigante:

> Nunca pensamos que tivesse importância a maneira como falávamos com nossos filhos, contanto que eles soubessem que os amávamos. O que estava na nossa mente não estava na nossa língua. Ainda damos valor à espontaneidade. Mas estamos agora cientes do enorme poder de nossas palavras, e tentamos separar o proveitoso do nocivo.

A proposta que segue busca auxiliar os pais a tomarem consciência de que a forma com a qual falam com seus filhos pode ser decisiva na construção de sua personalidade.

Raramente pais e educadores se preocupam com a maneira como se dirigem aos seus alunos e filhos; entretanto, faz grande diferença, por exemplo, se o adulto fala com a criança a respeito da atitude que ela teve (ou seja, algo que ela fez de errado), ou se fala com ela julgando a sua personalidade, chamando-a de preguiçosa, desorganizada, lerda e outros adjetivos que não são bem-vindos.

DESCRIÇÃO DA PROPOSTA

- Esta proposta de atividade pode ser realizada em pequenos grupos ou individualmente.

- Os pais necessitam de papel e lápis.

- Cada pai ou mãe é convidado a lembrar-se de uma situação de conflito que viveu com seus filhos.

- Depois devem registrar no papel três coisas que falaram aos filhos e que acreditam não terem sido adequadas, pois dizia respeito a características da personalidade deles.

- São exemplos de situações: dizer que a criança é chorona, que é muito terrível, compará-la com os irmãos, ser irônico, acusá-la e humilhá-la em público, ridicularizá-la, gritar com ela e ofendê-la, entre tantas outras atitudes que os adultos tomam em momentos de conflito, quando suas próprias emoções falam mais alto.

- Aqueles que quiserem podem socializar, mas não há nenhuma obrigação em fazê-lo.

- A seguir, o grupo de pais receberá um cartão com a sugestão de quatro novas técnicas de linguagem.[1]

---

[1] Os "cartões" encontram-se no Anexo 4 e as propostas de reflexão sobre a linguagem foram retiradas do livro *Como falar para o seu filho ouvir e como ouvir para o seu filho falar*, de Adele Faber e Elaine Mazlish. O livro é bastante didático e traz vários exercícios, como o proposto aqui, para que pais e professores possam refletir sobre suas intervenções com as crianças.

- Os pais são convidados a reescrever as suas falas, a partir das sugestões do cartão.

OBJETIVOS

Propiciar à família oportunidade para:

- manifestar suas emoções, opiniões, dificuldades e postura diante da resolução dos conflitos com as crianças;
- tomar consciência dessas dificuldades e refletir sobre maneiras diferentes de falar com as crianças;
- conhecer novas formas de comunicação;
- incentivar o diálogo entre pais, entre pais e filhos, e entre pais e escola.

OBSERVAÇÕES

O professor precisa conhecer essas técnicas para que possa auxiliar os pais no processo. Caso ele próprio utilize uma linguagem inadequada com as crianças, poderá ser acusado diso durante a dinâmica.

Assim, trata-se de uma proposta para ser realizada com bastante zelo, e com um grupo no qual o professor já venha realizando um trabalho reflexivo há mais tempo.

DINÂMICA 18
"Hora da Avaliação"

Pais e professores que querem uma educação para a autonomia devem primeiramente considerar seus próprios comportamentos e julgamentos morais. A sua autonomia será modelo para as crianças; a ausência dela, também.

Maria Suzana de Stefano Menin

JUSTIFICATIVA

Uma proposta de avaliação ao final de uma reunião de pais é imprescindível para a reconstituição dos fatos nela vivenciados, a fim de que os pais possam se ouvir mutuamente, para que o educador possa ter um *feedback* do trabalho e, enfim, para que possam vivenciar a capacidade crítica, sentindo-se confiantes para pensar sobre a própria participação.

Quando existe a possibilidade da reconstituição das ações, fica garantida, também, a tomada de consciência. A proposta não é de humilhação ou delação, mas uma atitude de reflexão sobre o que cada sujeito pensa em relação àquele momento e como se sentiu diante do que aconteceu.

DESCRIÇÃO DA PROPOSTA

- Os pais devem sentar-se em roda, para que, reunidos em assembleia, realizem a avaliação da reunião.

- A proposta é cada pai/mãe falar, se quiser, sobre a reunião, através de uma proposta de avaliação na qual utilize as seguintes expressões:

  1. QUE BOM! – Para avaliar aquilo que achou interessante e positivo na reunião.
  2. QUE PENA! – Para avaliar as questões negativas da reunião.
  3. QUE TAL?! – Para as sugestões que queiram apresentar como resolução de algum problema ou para o próximo dia.

OBJETIVOS

Propiciar à família oportunidade para:

- reconstituir as ações e tomar consciência dos próprios sentimentos e pensamentos;
- compreender a importância dos pais na vida escolar dos filhos;
- manifestar suas emoções e opiniões, conforme a frase sorteada.

DINÂMICA 19
"Hora da Avaliação II"

Consideramos que os pais continuam sendo referências centrais para os filhos, muito embora necessitem cada vez mais do apoio da rede social mais ampla para desempenhar suas funções.

Andreia Seixas Magalhães

JUSTIFICATIVA

Uma proposta de avaliação ao final de uma reunião de pais é imprescindível para a reconstituição dos fatos nela vivenciados, para que os pais possam se ouvir mutuamente e também para que educador tenha um *feedback* da atividade proposta. Dessa forma, o grupo pode experimentar a retomada de todos os aspectos trabalhados, sentindo confiança para pensar e refletir sobre a participação do grupo e a sua própria.

Esse movimento de reflexão também incentiva a possibilidade de novas participações e de ampliação do processo de participação dos pais na escola, uma vez que evidencia a importância do envolvimento ativo dos responsáveis pelas crianças na instituição escolar.

DESCRIÇÃO DA PROPOSTA

- Os pais devem pegar um cartão onde desenharão um símbolo que represente sua avaliação sobre a reunião ou o encontro.

- A seguir, os participantes que quiserem poderão apresentar os símbolos criados, explicar as suas ideias e o porquê do seu desenho.

OBJETIVOS

Propiciar à família oportunidade para:

- reconstituir as ações e tomar consciência dos próprios sentimentos e pensamentos;

- compreender a importância dos pais na vida escolar dos filhos;

- manifestar suas emoções e opiniões, diante do momento vivenciado.

DINÂMICA 20
"Avaliação das Cores"

A escola não pode saber como as crianças devem ser educadas em casa, por isso não tem como avaliar os pais. E, para exercer sua responsabilidade, a escola deve ater-se ao que é da sua competência.

Rosely Sayão

JUSTIFICATIVA

Uma proposta de avaliação pretende – além dos objetivos das propostas anteriores, ou seja, que o grupo possa vivenciar a retomada de todos os aspectos trabalhados, sentindo confiança para pensar e refletir sobre a participação do grupo e a sua própria – auxiliar o processo de construção da parceria, por ser sempre um espaço de auto-observação.

Um dos mais temidos momentos da escola é o da avaliação. Quantos jovens e crianças, e mesmo adultos em cursos técnicos ou de nível superior, sentem-se angustiados e aflitos nesses momentos! Assim, terminar uma reunião de pais com um momento de avaliação é sempre espaço para se configurar a ideia do avaliar em outro patamar de significado.

DESCRIÇÃO DA PROPOSTA

- Os pais terão disponíveis diversos cartões coloridos. Deverão escolher um deles.

- Assim, quem quiser poderá expor ao grupo o motivo e/ou o significado que a cor escolhida tem para si mesmo e por que a escolheu para avaliar a reunião.

OBJETIVOS

Propiciar à família oportunidade para:

- reconstituir as ações e tomar consciência dos próprios sentimentos e pensamentos;
- compreender a importância dos pais na vida escolar dos filhos;
- manifestar suas emoções e opiniões diante do momento vivenciado.

OBSERVAÇÕES

Concluir a reunião com uma forma de avaliação é extremamente importante, pelos motivos e objetivos já justificados anteriormente. O único cuidado que o professor deve tomar diz respeito ao prolongamento do tempo da reunião. Algumas vezes pode acontecer de as demais atividades preparadas tomarem demasiadamente o tempo previsto para seu término; logo, é de bom-tom que o professor se adapte a essa situação para evitar possíveis problemas.

ANEXOS

Anexo 1
"Meu filho adorado"[1]

Ele tem 10 anos, magrinho, cabelos ruivos e não para de falar. Uma mostra do nosso papo diário:
- Mãe, achas que o meu pé é muito grande?
- Não, filho, é normal!
- Mas parece grande! Não parece?!
- Parece um pouco.
- Mas tu falou que não parecia!
- Deixa isso pra lá. Vem estudar!
- Já vou! Vou ao banheiro primeiro.
Toc! Toc!
- Quer sair daí e vir logo?!
- Tô indo.
- Senta aqui de uma vez!
- Tá!
- Senta, guri! Para de mexer na minha gaveta!
- Não estou mexendo, estou só olhando uma coisa!
- Que coisa?
- Isto aqui, ó, não parece um bicho?
- Bicho tu tens no teu corpo, tens pó-de-mico!
- O que é isso?
- Pra que que eu fui falar?! Não é nada guri, nada...

---

[1] Texto de Aldina Machry, disponível em: <http://www.rebidia.org.br/noticias/direito/ciranda5.html>. Acesso em: 25/03/2009.

– Mas se não é nada, como é que tem nome?
– Não tem nome coisa nenhuma. Vem logo!
– Deixa eu tomar água primeiro.
– Filho, vem!
– Mãe, e se eu rodar?
– Não vais rodar!
– Como é que tu sabes?
– Sabendo, menino. Para com isso e abre o caderno!
– Mas se já sabes que vou passar, então não preciso mais estudar, não é?
– Precisa, sim. Me diz um verbo no infinitivo.
– Quando.
– Quaaando?! Isso não é verbo, pois não é uma ação que a gente faça!
– Mas ninguém faz "quando", ele existe sozinho...
– Não, filhinho do meu coração, verbo no infinitivo é amar, pensar...
– Mas esses não são aqueles da primeira conjugação?
– São, mas estão no infinitivo também! Agora me diz um substantivo abstrato.
– Pular.
– Não, filho, pular é verbo.
– Mas a gente não consegue ver a palavra "pular"; ela é abstrata!
– É abstrata, mas é verbo! Entendeu?
– Mais ou menos.
– Como assim, mais ou menos, filho?!...
– Olha aqui o meu pé, está roxo, tem um caroço nele!
– Não tem nada!
– Não estás nem olhando direito! Olha bem aqui... aqui, ó.
– Isso não é nada.
– Não é nada porque não é contigo!
– Meu filho, vamos estudar!
– Estou estudando...

- Agora diz para a mãezinha um substantivo concreto.
- Pedra.
- Muito bem...
- E um primitivo.
- Flor. Eu tô com fome!
- Mas comestes há pouco!...
- Quero alguma coisa para comer!
- Quer bolacha?
- Não.
- Quer bolo?
- Não, está ruim.
- Mas adoras bolo de chocolate!...
- Quero outra coisa!
- Que coisa?
- Não sei...
- Uma torrada?
- Tem queijo?
- Tem.
- Tem salame?
- Tem.
- Mas não quero!
- Filho, pedra é um substantivo primitivo, não é?
- Não, ele é concreto!
- É concreto e primitivo, meu amorzinho...
- Como vai ser as duas coisas? Não entendo! Tem que ser uma coisa ou outra!
- Querido, pedra é um substantivo concreto, primitivo e comum.
- Agora piorou, estou ficando com dor de cabeça! Mãe, tu tens dor de cabeça?
- Não, não tenho!
- Mas por que eu tenho?!...
- Não sei. Esquece...
- Esquece o quê? A pedra ou a cabeça?

137

– Assim não vai dar. Tu não paras quieto, não te concentras! Aonde vais?
– Vou embora, estás gritando comigo!
– Não estou gritando, filhinho, senta aqui...
– Mas o meu lápis está sem ponta.
– Pega outro lápis...
– Mas eu gosto deste aqui! Mãe, tu gostavas de estudar?
– Gostava! Um pouco... Pra que quer saber?!...
– E as tuas amigas gostavam?
– Chega! Fala logo um substantivo coletivo.
– Mãe, o que é um substantivo? Por que tem este nome, "substantivo"?!...
– Depois perguntas para a professora. Agora me responde o que te perguntei!
– Mas por que este nome coletivo depois do substantivo?
– Meu Deus, dá-me paciência!
– Mãe, acreditas em Deus?
– Acredito...
– Olha lá, um avião enorme no céu!

Deixa o avião, deixa o céu, deixa a vida, filho, e te aprisiona nestes livros inertes que estão roubando o tempo contado da tua infância e da tua espontaneidade!

– É lindo o avião filhinho... Quem irá lá dentro?
– Um dia vou ser aviador... Depois vou visitar outros planetas... Será que existem planetas habitados, mãe?
– Acho que existem!
– Quantos? Mãe, será que eu vou passar mesmo?
– Vai, vai sim...
– E se eu não estudar?!...
– Hummm!
– Se eu rodar, tu vais gostar de mim assim mesmo?!...
– Vou.
– Então me dá um abraço!
– Meu amor...

138

- E depois vamos estudar de verdade, mãe?
- Vamos, querido...
- Mas só depois que eu comer... Que eu tomar banho... Que eu ver o meu filmezinho...

ANEXO 2
Jogo dos Conflitos

Todos os dias a história se repete na hora de tomar banho. Bru tem 8 anos e sempre arranja uma desculpa que o impede de ir para o chuveiro. Fico horas lembrando-o do "seu compromisso com a higiene básica diária", mas ele parece ignorar. O que fazer para acabar com estes episódios?	Ultimamente, ninguém tem ido dormir em casa antes da meia-noite. Temos enfrentado o mesmo problema há dias: Raf tem sempre "muita coisa a fazer antes de dormir...". Um dia inventa que está passando mal, noutro dia o dedo do pé estava machucado e, se ele deitasse, ia doer. Até inventou que a professora tinha mandado assistir ao Jô Soares... O que fazer?
Luc tem 7 anos. Está brincando na sala e já trouxe todos os seus brinquedos para cá: carrinhos, lápis de cor, papéis, jogos de montar, bolas, quebra-cabeças. Todos os brinquedos e peças estão misturados e espalhados pelo tapete, como se fossem confetes de carnaval. Ainda por cima, ele acaba de derrubar todos os salgadinhos que estava comendo. Peço-lhe para arrumar tudo. Sua resposta é: "Não!".	Mar tem 11 anos de idade. Tenho desconfiado de algumas coisas que ela me conta, de algumas desculpas esfarrapadas que ela tem arranjado para determinadas situações.
Outro dia foi a gota d'água: disse que estaria assistindo à TV com a vizinha, que é sua colega de escola, e quando eu fui chamá-la, pois precisei sair, não a encontrei lá. Quase morri de preocupação e fui encontrá-la no clube duas horas depois. Então...

São 22 horas, e há duas horas tento convencer o meu filho a desligar o videogame e fazer a lição da escola. Amanhã, todos em casa levantamos às 6h30. Neste momento, Fab (7 anos) chora e esperneia dizendo-me que não sabe fazer a lição, que está cansado, que nem sua professora nem eu e seu pai gostamos dele. O que eu faço?	As coisas acabam sempre se repetindo, seja como for. Eu digo que não, mas a Cris (9 anos) parece não me ouvir... Eu mal respondi, e ela já está insistindo, argumentando, pedindo novamente, e outra vez... Eu digo não! E outro não... e a luta continua, e ela não desiste, e muitas vezes apronta uma choradeira e faz chantagens e bate porta, e sempre acaba me vencendo pelo cansaço.
A Vic tem 10 anos. É uma criança muito especial, excelente aluna, mas odeia a escola. Todos os dias o problema é o mesmo: ela não quer ir à escola! Não existe nada que eu fale que a faça mudar de ideia. Normalmente o que acontece é que, no meio da correria do dia a dia, acabo perdendo a paciência, grito com ela, mando-a calar-se e entrar no carro.	É incrível! Parece que a maior alegria de Ric é nos desafiar. Quando lhe dizemos que é hora de dormir, ele quer ficar assistindo à TV; quando é hora de levantar, quer dormir mais... Hora de comer, não está com fome, hora de sair, ele quer almoçar. Enfim, quer fazer somente aquilo que ele quer. Sua teimosia não tem limites. O que para nós é sim, para ele é não, e vice-versa.
Todos os dias eles se pegam! É uma verdadeira guerra! Os motivos não importam, aliás, normalmente eles nem existem... Mas a verdade é que o Car pega algo do Fla e este desconta com um soco, e o outro retribui com uma rasteira, e então eles chamam por mim ou pelo pai, enquanto continuam gritando um com o outro, rolando pelo chão, se agredindo como lutadores.	Eu estava limpando o quarto e, quando fui varrer embaixo da cama do Lui, a vassoura trouxe uma porção de objetos que eu desconhecia... Quando lhe questionei, ele não olhou para o meu rosto e disse-me que os seus amigos da escola lhe haviam dado aqueles objetos. É claro que isso não era verdade... Mas eu não sabia como dizer isso, e tampouco o que fazer diante dessa situação.

Mat tem 11 anos e agora resolveu que já é adulto. Portanto, não vê mais nenhuma necessidade de nos contar aonde vai. Os seus passeios têm sido frequentes, por tardes intermináveis, sem que nós tenhamos a menor ideia do seu paradeiro. Já tentamos conversar com ele, mas ele nos diz que já não é mais criança e que nós temos que entender que adolescente não é mais criança.	Não há nada que possa me irritar tanto como a bagunça que a Lis (13 anos) faz no seu quarto. Ultimamente, ela tem, inclusive, guardado roupa suja de volta no armário. Ah, outro dia também tinha um prato com um lanche comido, enrolado junto com o edredom, jogado num canto. Já conversamos, já a pusemos de castigo... Infelizmente, nada parece fazê-la entender que não se pode viver numa bagunça dessas. O que fazemos?
Laí (10 anos) sempre foi boa aluna. Entretanto, quase morri de vergonha quando li o recado em sua agenda da escola, onde a sua professora pedia que eu, por favor, comparecesse à escola, pois precisava conversar comigo sobre minha filha, que há mais de três semanas não trazia os deveres de casa realizados. Quando perguntei a ela porque não estava mais fazendo seus deveres, ela simplesmente respondeu-me que não estava com vontade de fazê-los.	Fui à reunião de pais na escola de Luc e mais uma vez voltei arrasada. Novamente sua professora comentou que ele é desatento, indisciplinado, sua letra está ilegível e seu caderno, incompleto e rasgado. Já paguei professor particular, já fiz todos os exames médicos possíveis. Já tiramos sua mesada, sua bicicleta, e agora ele também só brinca com os amigos do prédio duas vezes por semana. Pensei que dessa forma as coisas melhorariam, mas parece que me enganei...
A professora já havia nos avisado que Mar estava utilizando palavras inadequadas na escola, ultimamente. Sei que às vezes as crianças falam palavrões para chamar a nossa atenção, ou porque imitam os amigos na escola, mas o dia em que a ouvi agredindo o irmãozinho com palavras que nunca dissemos em casa, palavras que, creio eu, ela nem saiba o significado, fiquei atônito. Não posso nem repetir o que minha filha de 9 anos anda dizendo. Na verdade, não sei o que lhe dizer... Explicar o significado de "tais" palavras como?	Kat tem 6 anos. Desde que nasceu dorme no seu quarto, mas, ultimamente, a hora de dormir tem sido um terror em casa. Ela chora, grita, diz que tem medo, diz que não quer mais aquele quarto, porque tem mau cheiro, porque é grande, porque é pequeno e sufoca, porque fica no fundo da casa; enfim, já tem um mês que ela voltou a dormir no quarto, comigo e com seu pai, que, aliás, acaba "jogado" num colchonete ao lado da nossa cama, pois não cabemos os três na mesma cama.

ANEXO 3
Jogo da Educação

"Adultos podem ter algumas provisões, reservas de valores para orientar suas vidas; seus filhos, não." (Yves de La Taille)

"Na verdade, se dizemos que a educação é o processo de construção da humanidade, ela é de responsabilidade de todas as instituições sociais, entre as quais se inclui a família e a escola." (Terezinha Rios)

"Em muitas famílias, as brigas entre pais e filhos se desenvolvem em uma sequência regular e previsível. A criança faz ou diz alguma coisa 'errada'. Os pais reagem com algum insulto. A criança responde com algo pior. Os pais retrucam com ameaças exaltadas ou castigos ditatoriais. E o 'seja o que Deus quiser' se instala." (Haim Ginot)

"Quando reconhecemos que somos seres humanos tentando educar os filhos e admitimos as nossas imperfeições, torna-se muito mais fácil restabelecermos os sentimentos positivos." (Nancy Samalin)

"Os adultos reforçam a heteronomia natural da criança quando usam recompensa e punição; eles incentivam o desenvolvimento da autonomia quando trocam pontos de vista com as crianças." (Constance Kamii)

"Criança tem que ser criada com respeito mútuo; dela pelos pais e dos pais por ela. E nesse ínterim, você tem que mostrar o limite da criança e, com isso, vir a obediência aos pais. Não é porque é criança, que você vai desrespeitá-la e vice-versa. Então, você tem que sempre mostrar isso, para ela também criar isso dentro dela e sempre haver essa obediência; e quando não há, ter um entendimento maior para não extrapolar, assim... não sei. Não é uma coisa de um momento, tem que pensar na consequência... lá na frente." (Depoimento de um pai)

"O que quereis que os homens vos façam, fazei-o também a eles." (Lucas 6,31)

"Mas eu fico brava, sim. Agora, tem que ser punido. Não pode é achar que tudo o que a criança faz é lindo e maravilhoso. Tem que impor regras. Ele riscou a parede, eu falo: "A graça que você está fazendo é feia! Não pode ficar fazendo isso! A caneta, o lápis, é para riscar no papel, não é para ficar fazendo isso!". Ele faz isso direto, e toda hora a gente tem que estar corrigindo; a vida inteira vai ter que ficar corrigindo. A função dos pais é educar e corrigir." (Depoimento de uma mãe)

"A finalidade da educação dada aos filhos é o acesso à autonomia, ou seja, à independência para viver por conta própria. Mas, de algum modo, o relacionamento que muitos pais têm com os filhos tem apontado para o caminho oposto: para a dependência, para a falta de liberdade dos filhos para abrir seu caminho, para gozar sua vida sem a aprovação, a autorização e o consentimento deles." (Roseli Sayão)

Anexo 4
Jogo da Linguagem

Em vez de...	Tente...
CULPAR OU MANDAR... (Exemplo: "Você não desliga esse telefone, não sabe o quanto custa, não se importa com nada!")	DESCREVER (Exemplo: "Filho, preciso do telefone agora.")
Em vez de...	**Tente...**
ACUSAR OU INSULTAR... (Exemplo: "Que horror! Veja quanta sujeira neste quarto. Você vive como um porco!")	INFORMAR (Exemplo: "O lugar dos restos de comida é no lixo, e das roupas sujas, no cesto.")
Em vez de...	**Tente...**
USAR MUITAS FRASES PARA DIZER O QUE QUER... (Exemplo: "Eu passo horas do meu dia repetindo as coisas para você. Você parece surdo, ou se faz de burro. Quantas vezes mais eu vou dizer para você que já é hora de dormir? Eu não aguento mais você!")	FALAR COM POUCAS PALAVRAS (Exemplo: "Querido, hora do pijama.")
Em vez de...	**Tente...**
BRIGAR... (Exemplo: "O que há de errado com você? Não é capaz de deixar a porta fechada? Preciso matricular você em algum curso especial?")	EXPRESSAR SEUS SENTIMENTOS (Exemplo: "Eu me incomodo quando a porta da cozinha fica aberta, pois não quero mosquitos na comida.")

Referências bibliográficas

AGOSTINHO, M. L.; SANCHEZ, T. M (orgs.). *Família: conflitos, reflexões e intervenções*. São Paulo: Casa do Psicólogo, 2002.
ALTHUON, B.; ESSLE, C.; STOEBER, I. S. *Reunião de pais*; sofrimento ou prazer? São Paulo: Casa do Psicólogo, 1996.
ARENDT, H. *A condição humana*. Tradução R. Raposo. Rio de Janeiro: Forense Universitária, 1958/2007.
_____. *Entre o passado e o futuro*. Tradução M. W. Barbosa. São Paulo: Perspectiva, 1964/2005.
ARIÈS, P. *História social da criança e da família*. Tradução D. Flaksman. Rio de Janeiro: LTC, 1973/2006.
BERTHOUD, C. M. E. *Re-significando a parentalidade*; os desafios de ser pais na atualidade. Taubaté: Cabral Editora Universitária, 2003.
BICALHO, Marcelo. *Eu queria ter um urso*. 2. ed. São Paulo: Paulinas, 2008.
CAETANO, L. M. Relação escola e família: uma proposta de parceria. *Anais do IV Congresso de Educação*; multifaces da educação. São João da Boa Vista (SP), 2003a.
_____. Reunião de pais. *Todo Dia*, 28 set. 2003b, p. 2.
_____. Sobre a relação escola e família. *Anais do XX Encontro Nacional do Proepre*. Campinas: Unicamp (Faculdade de Educação), 2003c.
_____. *O conceito de obediência na relação pais e filhos*. 2. ed. São Paulo: Paulinas, 2008a.
_____. Escola e família: o que cabe a cada uma. *Presente! Revista de Educação*, Salvador, v. 62, pp. 26-29, 2008b.
CARVALHO, M. E. P. Escola e família: especificidades e limites. *Presente! Revista de Educação*, Salvador, v. 62, pp. 30-33, 2008.

CASALI, A. Ética no cotidiano escolar: fundamentos e práticas. *Presente!* Revista de Educação, Salvador, v. 62, pp. 19-25, 2008.

CECCONELLO, A. M.; DE ANTONI, C.; KOLLER, S. H. Práticas educativas, estilos parentais e abuso físico. *Psicologia em estudo*, Maringá, v. 8, pp. 45-54, 2003.

DE SOUZA, M. T. C. C. O desenvolvimento afetivo segundo Jean Piaget. In: ARANTES, V. A. (org.). *Afetividade na escola*; alternativas teóricas e práticas. São Paulo: Summus, 2003.

DUGNANI, Patrício. *Um mundo melhor*. 5. ed. São Paulo: Paulinas, 2009.

FABER, A.; MAZLISH, E. *Pais liberados, filhos liberados*. São Paulo: Ibrasa, 1985.

_____. *Como falar para o seu filho ouvir e como ouvir para o seu filho falar*. São Paulo: Summus, 2003.

GINOT, H. *Pais e filhos*; novas soluções para velhos problemas. Rio de Janeiro: Bloch, 1989.

KUPFER, M. C. M. Afetividade e cognição; uma dicotomia em discussão. In: ARANTES, V. A. (org.). *Afetividade na escola*; alternativas teóricas e práticas. São Paulo: Summus, 2003.

LA TAILLE, Yves. A indisciplina e o sentimento de vergonha. In: AQUINO, J. G. (org.). *Indisciplina na escola*; alternativas teorias e práticas. São Paulo: Summus, 1996.

_____. *Limites*: três dimensões educacionais. São Paulo: Ática, 1998.

_____. *Formação ética*. Porto Alegre: Artmed, 2009.

MACEDO, L. de. Apresentação. In: ALTHUN, B. G.; ESSLE, C. H.; STOEBER, I. S. *Reunião de pais*; sofrimento ou prazer? São Paulo: Casa do Psicólogo, 1996.

_____. O lugar dos erros nas leis ou nas regras. In: *Cinco estudos de educação moral*. São Paulo: Casa do Psicólogo, 1996.

MAGALHÃES, A. S. Família contemporânea: novos arranjos e modos novos de intermediação. *Presente!* Revista de Educação, Salvador, v. 62, pp. 13-18, 2008.

MARQUES, M. A. B. Abuso psicológico de crianças e adolescentes. In: SISTO, F. F.; OLIVEIRA, G. de C.; FINI, L. D. T. (orgs.). *Leituras de psicologia para a formação de professores*. Petrópolis: Vozes, 2000.

MENIN, M. S. S. Desenvolvimento moral: refletindo com pais e professores. In: MACEDO, L. de (org.). *Cinco estudos de educação moral*. São Paulo: Casa do Psicólogo. 1996.

NOGUEIRA, M. A.; ROMANELLI, G.; ZAGO, N. (orgs.). *Família e escola*; trajetórias de escolarização em camadas médias e populares. Petrópolis: Vozes, 2000.

NOGUEIRA, M. A. *A construção da excelência escolar*. In: NOGUEIRA, M. A.; ROMANELLI, G.; ZAGO, N. (orgs.). *Família e escola*; trajetórias de escolarização em camadas médias e populares. Petrópolis: Vozes, 2000.

_____. A relação escola-família na contemporaneidade: fenômeno social/interrogações sociológicas. *Análise Social*, Lisboa, v. XL, n. 176, pp. 563-578, 2005.

NORD, C. W. *Participación de los padres en las escuelas*. Disponível em: <http://www.ericdigests.org/2000-1/padres.html>. Acesso em: 25 maio 2009.

OLIVEIRA, L. C. F. *Escola e família numa rede de (des)encontros*. Taubaté: Cabral Editora e Livraria Universitária, 2002.

PARO, V. H. *Qualidade do ensino*; a contribuição dos pais. São Paulo: Xamã, 2000.

PIAGET, J. *O juízo moral na criança*. Tradução E. Leonardon. 2. ed. São Paulo: Summus, 1932/1994.

_____. É possível uma educação para a paz? In: PARRAT-DAYAN, S.; TRYPHON, A. (orgs.). *Piaget sobre a pedagogia*. Tradução C. Berliner. São Paulo: Casa do Psicólogo, 1934/1998.

_____. *Para onde vai a educação?* Tradução I. Braga. 15. ed. Rio de Janeiro: José Oympio, 1948/2000.

POLITY, E. *Dificuldade de aprendizagem e família*; construindo novas narrativas. São Paulo: Vetor, 2001.

POLÔNIA, A. C.; DESSEN, M. A. Em busca de uma compreensão das relações entre família e escola. *Psicologia escolar e educação*, São Paulo, v. IX, n. 2, pp. 1-16, 2005.

PORTES, E. A. O trabalho escolar das famílias populares. In: NOGUEIRA, M. A.; ROMANELLI, G.; ZAGO, N. (orgs.). *Família e escola*; trajetórias de escolarização em camadas médias e populares. Petrópolis: Vozes, 2000.

RIOS, T. A. Escola e família: parceiras, sim; idênticas, não! *Presente! Revista de Educação*, Salvador, v. 62, pp. 5-10, 2008.

ROUDINESCO, E. *A família em desordem*. Tradução A. Telles. Rio de Janeiro: Jorge Zahar, 2003.

SÁ, V. A. (Não) participação dos pais na escola; a eloquência das ausências. In: VEIGA, Ilma P. A.; FONSECA, Marília (orgs.). *Dimensões do projeto político-pedagógico*. Campinas: Papirus, 2001.

SAMALIN, N.; WHITNEY, C. *Amor e raiva, o dilema dos pais*. Tradução M. E. de Oliveira. São Paulo: Saraiva, 1992.
SAMALIN, N.; JABLOW, M. *Amar seu filho não basta*. São Paulo: Saraiva, 2000.
SAMPAIO, D. *Inventem-se novos pais*. São Paulo: Editora Gente, 2004.
SAVATER, F. *O valor de educar.* Tradução M. Stahel. São Paulo: Martins Fontes, 1998.
SASTRE, G.; MORENO, Montserrat. *Resolução de conflitos e aprendizagem emocional.* São Paulo: Moderna, 2002.
SAYÃO, R. *Como educar meu filho.* São Paulo: Publifolha, 2003.
SAYÃO, R.; AQUINO, J. G. *Família: modos de usar.* São Paulo: Papirus, 2006.
SINGLY, F. de. *Sociologia da família contemporânea.* Tradução C. E. Peixoto. Rio de Janeiro: FGV, 2007.
SZYMANSKI, H. *A relação família e escola;* desafios e perspectivas. Brasília: Liber Livro, 2007.
VIANA, M. J. B. Longevidade escolar em famílias de camadas populares; algumas condições de possibilidade. In: NOGUEIRA, M. A.; ROMANELLI, G.; ZAGO, N. (orgs.). *Família e escola;* trajetórias de escolarização em camadas médias e populares. Petrópolis: Vozes, 2000.

Sumário

Prefácio
Yves Joel Jean-Marie Rodolphe de La Toille 9

PARTE I
RELAÇÃO ESCOLA E FAMÍLIA: QUESTÕES TEÓRICAS

1. A questão da crise no processo educativo 15
2. Um pouco de história 23
3. A relação entre escola e família 35
4. Algumas pesquisas sobre a relação escola e família 41
5. A reunião de pais 51
6. O trabalho com dinâmicas 57

PARTE II
RELAÇÃO ESCOLA E FAMÍLIA: PROPOSTAS PRÁTICAS

Dinâmica 1. "Sobre a reunião de pais" 63
Dinâmica 2. "Hora da nossa opinião" 67
Dinâmica 3. "Sobre o meu filho" 71
Dinâmica 4. "A minha escola e a escola dos meus filhos" 75
Dinâmica 5. "Jogo da Entrevista" 79
Dinâmica 6. "Jogo do Alimento" 84
Dinâmica 7. "O pai que eu quero ser" 88
Dinâmica 8. "Mancebo das dúvidas" 91
Dinâmica 9. "Jogo do Monstro" 94
Dinâmica 10. "Uma história para contar" 98
Dinâmica 11. "Jogo dos Conflitos" 102

Dinâmica 12. "Jogo dos Conflitos na Adolescência" 107
Dinâmica 13. "Caixa dos Sentimentos" 111
Dinâmica 14. "A família" 114
Dinâmica 15. "Jogo do Adolescente" 117
Dinâmica 16. "Jogo da Educação" 121
Dinâmica 17. "Jogo da Linguagem" 124
Dinâmica 18. "Hora da Avaliação" 127
Dinâmica 19. "Hora da Avaliação II" 129
Dinâmica 20. "Avaliação das Cores" 131

ANEXOS

Anexo 1. "Meu filho adorado" 135
Anexo 2. Jogo dos Conflitos 140
Anexo 3. Jogo da Educação 143
Anexo 4. Jogo da Linguagem 146

Referências bibliográficas 147